Wolfgang Bernard · In sich hinausgehen

Wolfgang Bernard

In sich hinausgehen.
Mit NLP zum Ur-Credo

VAK Verlag für Angewandte Kinesiologie GmbH
Freiburg im Breisgau

Dieses Buch ist die vom Autor selbst übersetzte, stark erweiterte und bearbeitete Fassung eines Werkes, das zunächst in französischer Sprache erschienen ist:
Le Chant des Sirènes – La P.N.L. et la Perception Pré-sensorielle,
Paris: Editions A.L.T.E.S.S., 1995

Die Deutsche Bibliothek – CIP-Einheitsaufnahme

Bernard, Wolfgang:
In sich hinausgehen : mit NLP zum Ur-Credo / Wolfgang Bernard. –
Freiburg im Breisgau : VAK, Verl. für Angewandte Kinesiologie, 1996
ISBN 3-924077-80-0

© VAK Verlag für Angewandte Kinesiologie GmbH, Freiburg 1996
Lektorat: Norbert Gehlen
Umschlag: Hugo Waschkowski
Herstellung: Friedrich Pustet GmbH & Co. KG, Regensburg
Printed in Germany
ISBN 3-924077-80-0

Inhalt

Vorwort zur deutschen Ausgabe

*Worte regen den Sucher zum Suchen an
und Nachlässige zur Müdigkeit.*

Rumi (islamischer Mystiker)

In meinem bald zwanzigjährigen Dasein als Landwirt gehören Rhythmen und Zyklen der Natur zum Alltag. Es gibt fruchtreiche und fruchtarme Jahre, und es gibt besonders bemerkenswerte Jahre. Ein solches war für mich das Jahr, in welchem sich der Lebensweg von Wolfgang Bernard mit dem meinen kreuzte. Sein kompromißlos herzliches Handeln ist Bestandteil einer außergewöhnlichen Freundschaftsbeziehung zwischen uns geworden. Mir haben sich seitdem unerwartete Horizonte aufgetan – mit ungeahnten Früchten.

Die Arbeit des Autors als NLP-Trainer in Frankreich sowie die Entwicklung seiner im vorliegenden Buch dargestellten Forschungsergebnisse habe ich von Anfang an aus nächster Nähe verfolgen können. Wolfgang Bernard war schon seit vielen Jahren als Gruppentrainer und Psychotherapeut tätig gewesen, als er 1990 den von ihm entwickelten „Ur-Credo-Prozeß" in seine NLP-Grundausbildung einführte. Dem war das Aufdecken seines eigenen Ur-Credos vorausgegangen – eine tiefgehende und umwälzende Erfahrung. Dieser existentielle Durchbruch zu seinem tiefsten Sein eröffnete ihm gänzlich neue Anwendungsbereiche des NLP.

Der von Wolfgang Bernard entwickelte Ur-Credo-Prozeß bietet allen Teilnehmern einer NLP-Ausbildung die Möglichkeit, bewußten Kontakt zur Quelle ihrer Persönlichkeit zu bekommen, und erweitert dadurch die dem NLP innewohnenden Möglichkeiten um ein existentiell entscheidendes Element: das Hinterfragen des Ego, der Identität.

Die von ihm angebotenen NLP-Ausbildungen beinhalten all das, was üblicherweise in diesem Rahmen gelehrt wird. Der inhaltliche Schwerpunkt liegt jedoch auf dem Erforschen und In-Frage-Stellen der Identität. Die Ausbildung ist in zwei Zyklen gegliedert:

1. Practitioner-Ausbildung, einschließlich der Aufdeckung des essentiellen Wertes und des Ur-Credos;

2. Master-Practitioner-Ausbildung, ausgerichtet auf die Verfeinerung der Arbeit am Ur-Credo.

Außerdem gibt es für bereits ausgebildete Master Practitioner und NLP-Trainer die Möglichkeit, im Rahmen eines neuntägigen Zusatzseminars (dreimal drei Tage) den essentiellen Wert aufzuspüren sowie den Ur-Credo-Prozeß zu durchleben.

Mit dem Erscheinen des Buches in deutscher Sprache eröffnet sich nun erstmals auch deutschsprachigen Lesern die Möglichkeit, mit NLP die Grundfesten des Ichbewußtseins zu erkunden. Nach meiner persönlichen Erfahrung kann die Lektüre des Buches jedoch erst dann wirklich fruchtbar werden, wenn ganz konkrete und direkte persönliche Erfahrungen (im Rahmen von Seminaren) damit verbunden werden. Im Anhang findet sich daher eine Zusammenstellung von Ausbildungszentren, die Seminare zum Ur-Credo-Prozeß – mit dem Autor als Trainer – veranstalten.

Die existentiellen Grundfragen, die bei der Arbeit am Ur-Credo-Prozeß auftauchen, rütteln früher oder später an den Fundamenten der bisher mehr oder weniger zufriedenstellend „funktionierenden" Persönlichkeit. Oft habe ich bei mir und bei Mitsuchern mentale Blockaden und zyklische Sackgassen erlebt. Solange wir alle, die wir nach dem Sinn unseres Lebens suchen, nicht durch Schocks aus der Bahn geworfen werden, können wir keine grundlegend neuen Erkenntnisse gewinnen. In diesem Zusammenhang habe ich die Erfahrung gemacht, daß Lehrer wie Wolfgang Bernard, die selbst bis ans Ende ihrer Suche gegangen sind, ehrlichen Suchern eine wertvolle Hilfe beim „In-sich-Hinausgehen" sein können.

Thomas Wicke

Vorwort des Autors

Als ich 1985 eine NLP-Ausbildung begann, ahnte ich nicht, daß die dadurch eingeleiteten Lernprozesse mit meiner tiefsten inneren Suche in Einklang kommen würden: eine Freiheit jenseits von Glücklichsein zu leben.

Ohne meinen Freund Yvan Amar wäre dies nicht möglich geworden. Ich bin ihm 1986 zum ersten Mal begegnet. Er beschäftigt sich mit existentiellen Fragen, hält Vorträge hierzu und ist in Frankreich zu einer bedeutenden Bezugsperson geworden für Menschen, die ernsthaft an sich selbst arbeiten wollen. Die enge freundschaftliche Beziehung zu ihm half mir, der Dimension des „Nicht-Nennbaren" [Alfred Korzybski, 1933] gewahr zu werden, die ich im vorliegenden Buch „vorsinnliche Wahrnehmung" nenne. (Näheres hierzu in Kapitel I) Dadurch hat NLP in mir eine ganz neue Gestalt angenommen; ich wurde mir der Mikromechanismen bewußt, die den Trennungskonflikt am Leben erhalten und die uns daran hindern, die „alles verbindende Struktur" [Gregory Bateson, 1977] zu erkennen. In der Folge ging ich daran, diese Mechanismen mit gezielten mentalen Techniken in Frage zu stellen.

Ich möchte an dieser Stelle auch Stephen Jourdain meinen aufrichtigsten Dank aussprechen. Was er mir aus dem Schatz seiner umfassenden Kenntnis des menschlichen Bewußtseins vermittelt hat, ermöglichte es mir, meine Intuitionen in Begriffe zu fassen und sie in mein privates und berufliches Leben zu integrieren.

* * *

Wer eine NLP-Ausbildung gemacht hat, kennt die Wirksamkeit der NLP-Techniken, sei es im Bereich der Kommunikation, der Therapie, der Persönlichkeitsentwicklung oder des mentalen Trainings. Ist der Trainer kompetent, dann geht sozusagen die Post ab.

Man kann sich darauf beschränken, Ordnung in sein Leben zu bringen, erfolgreicher zu werden oder eine alle Erwartungen übertreffende persönliche Entfaltung zu erleben. Psychologisch gesund sein und mit beiden Füßen im Leben stehen – das ist nicht nur ein ehrenwertes und erfüllendes Ziel, sondern auch notwendige Vorbedingung für diejenigen, die noch weiter gehen möchten: sich selbst in Frage stellen, um die Dimension der vorsinnlichen Wahrnehmung zu (er)leben. Diese Dimension befindet sich nicht auf derselben logischen Ebene wie Glücklichsein oder wie persönlicher und beruflicher Erfolg.

Ich möchte in diesem Buch aufzeigen, welche Möglichkeiten, uns selbst in Frage zu stellen, das NLP anbietet. Es wird dabei nicht um die Verbesserung der (psychischen) Lebensqualität gehen, sondern darum, wie wir NLP für existentielle Ziele einsetzen können.

Gleichwohl kann NLP uns nicht – ebensowenig wie andere Psychotechniken – zu unserer inneren Natur führen. Der Glaube, daß die Selbsterkenntnis irgendwo in der Zukunft liege oder durch irgendwelche Methoden zu gewinnen sei, ist ein (schwer zu überwindender) Irrglaube. Die eigentliche Botschaft dieses Buches kann man sich jedoch weder durch bloße Lektüre noch durch Teilnahme an entsprechenden Seminaren aneignen.

Jedem Menschen wohnt diese edelste aller Möglichkeiten inne: sich von dem zu befreien, was man das Trennungssyndrom nennen könnte. Betrachten wir NLP aus der Perspektive der vorsinnlichen Wahrnehmung, so bietet es ideale Techniken, um die Mikrostrukturen dieses Syndroms zu erforschen, welches uns den anderen als von uns getrennt sehen läßt und welches uns daran hindert, das Leben und alles Existierende als einen lebenden, beseelten Prozeß wahrzunehmen, in dem alles mit allem verbunden ist.

* * *

Mit diesem Buch stelle ich Ihnen den von mir entwickelten „Ur-Credo-Prozeß" vor. Im ersten Kapitel werden die allgemeinsten Erscheinungsformen der trennenden Identität betrachtet; außerdem wird das dem NLP zugrunde liegende Menschenbild im Licht der vorsinnlichen Wahrnehmung dargestellt.

Das zweite Kapitel erforscht die der Sprache zugrunde liegenden verborgenen Strukturen und stellt Hypothesen zur Ontogenese der Sprache auf.

Das dritte Kapitel behandelt das „Ur-Credo", denjenigen Bestandteil der menschlichen Psyche, der am tiefsten sitzt und uns am wenigsten bewußt ist: Es ist der Glaubenssatz schlechthin, das Fundament dessen, was wir „Identität" nennen, der eigentliche Nährboden für das „Trennungssyndrom".

Das vierte Kapitel geht auf das ein, was ich den „essentiellen Wert" nenne: Er ist der Wert aller Werte, der in jedem Menschen verborgen liegt; der Gral, das Beste von allem, was im Innersten eines jeden wacht und schlummert.

Das fünfte Kapitel bietet im Frage-Antwort-Stil eine Vertiefung der im Buch behandelten Themen an. Wie der „Sirenengesang", so wird damit auch die Interviewform am Ende des Buches wieder aufgenommen, als passendes Stilmittel, um Fragen zu beantworten, die viele Leser nach dem systematischen Durchgang durch diese innovative Materie noch haben werden.

Wichtige Schlüsselbegriffe dieses Buches werden im Anhang zusammenfassend erläutert. Bei ihrem erstmaligen Auftreten im Text sind sie mit einem * gekennzeichnet.

* * *

So überraschend der Inhalt mancher Aussagen dieses Buches erscheinen mag, so überraschend mag für deutschsprachige Leser auch der Wechsel der Stilarten oder die mangelnde Eindeutigkeit mancher Aussagen sein. Beides ist beabsichtigt! Mancher mag das so empfinden, als sei das Buch nicht „aus einem Guß", mehr eine Art „Werkstattbericht". Dazu ist zu bemerken:

Die vorliegende deutsche Ausgabe ist die (stark erweiterte und bearbeitete) Übersetzung der französischen Originalausgabe (siehe Literaturverzeichnis). Französische Leser erwarten nicht in erster Linie Stringenz und Genauigkeit. Sie bevorzugen Andeutungen und

Denkanstöße, die es ermöglichen, das Gelesene intuitiv und eigenständig zu verstehen. Die vorliegende Fassung möchte den Lesegewohnheiten und Erwartungen deutschsprachiger Leserinnen und Leser gerecht werden; sie ist in diesem Sinne eine Bearbeitung, die allerdings nicht den Grundcharakter des Buches verändert. Wo es die Grenzen unserer gewohnten Erfahrungswelt überschreitet, versagt auch unsere gewohnte Begrifflichkeit ihren Dienst. Hier bleibt mir als Autor nur die Möglichkeit, eine Richtung anzugeben – und meinen Leserinnen und Lesern bleibt der Mut zu eigenen Deutungen und Erfahrungen.

Besonderen Dank möchte ich aussprechen ...

... meinem langjährigen engen Freund Rainer Goertz für seine Eingebung bezüglich des Buchtitels,

... dem Lektor bei VAK, Norbert Gehlen, für seine kompetente, sorgfältige und kreative Textbearbeitung und

... all denjenigen, die am Erscheinen der deutschen Ausgabe mitgewirkt haben.

Wolfgang Bernard

Zur Einführung

Sirenengesang

Vorbemerkung des Verlags

Dieses Buch handelt von sehr persönlichen Fragen, und es ist der Ertrag des ganz individuellen Weges seines Autors. Um auf dieser persönlichen Ebene mit den Leserinnen und Lesern in Kontakt zu kommen, gibt der Autor zunächst Auskunft zu seiner Motivation, zu seinem Werdegang und zu seinen Intentionen.

Der hierfür gewählte Frage-Antwort-Stil greift eine bei der Behandlung existentieller* Fragen (etwa bei Platon) gebräuchliche Tradition auf. Er hat den Vorteil, daß die Themen in einer lebendigen, nichtdogmatischen Form dargestellt werden können. Die nicht immer dem „normalen" Denken angepaßten und somit oft unerwarteten Antworten geben Hinweise auf das Eigentliche, das nicht in Worte Faßbare.

* * *

Frage: Wie kamst du dazu, das vorliegende Buch zu schreiben?

Wolfgang Bernard: Die Idee, ein Buch über die Art und Weise zu schreiben, wie ich NLP praktiziere und lehre, kam mir ganz spontan im Jahre 1992. Sie ist das Ergebnis eines persönlichen Entwicklungsprozesses, der 1970 begann.

Seinerzeit studierte ich in Frankfurt und war aktiv an der in den letzten Zügen liegenden Studentenbewegung beteiligt. Wie die meisten jungen Leute damals war ich sehr enttäuscht darüber, daß die Gesellschaft sich in keiner Weise in die angestrebte Richtung eines neuen Humanismus bewegte. Nicht genug damit, daß die kapitalistischen Institutionen nach alter Gewohnheit weiterfunktionierten: Darüber hinaus machten sich auch bei den Protagonisten der Revolte selbst die verbal von ihnen angeprangerten Verhaltensweisen breit, wie zum Beispiel Egoismus, Unredlichkeit, Aggressivität. Der gute Wille, sich in Frage zu stellen, war da, aber die Kluft zwischen Anspruch und Wirklichkeit wurde ständig größer. Als ich mir schließlich dieses Widerspruchs (und des damit verbundenen Leidens) in mir selbst bewußt wurde, war dies ein großer Schock,

14

durch den sich mir zum ersten Mal in meinem Leben existentielle Fragen stellten: „Wer bin ich, und was ist der Sinn meines Lebens?" Mir wurde klar: Solange ich die Antwort auf diese Fragen gefunden nicht hatte, konnte ich für keinen anderen „Sinn" mehr leben.

Diese Fragen brachten mich auf den Weg der Suche nach dem Absoluten. Von da an stand diese Suche im Zentrum meines beruflichen und privaten Lebens. In diesem Buch unternehme ich den Versuch, einige Aspekte meiner Suche und ihre Ergebnisse darzustellen.

Frage: Könntest du näher beschreiben, was du mit „Suche" meinst und wie du sie erlebt hast?

W. B.: Mit 22 Jahren begann ich, mich nach dem Sinn der Existenz zu fragen, eine allgegenwärtige Frage, die mein Tun und Denken durchdrang und die auf ihre Antwort wartete. Also suchte ich nach Menschen und Büchern, die sich damit beschäftigen. Hinweise fand ich hauptsächlich im orientalischen Kulturkreis, aber ich begegnete auch in unserem amerikanisch-europäischen Bereich bemerkenswerten Männern und Frauen.

Ich empfand diese Suche als absolute Notwendigkeit. In dem Moment, als sie in mir Gestalt annahm, wurde mir völlig klar: „Das ist es, was du vor allem anderen zu tun hast!" Alles andere – meine berufliche Karriere, Geldverdienen und selbst das Gründen einer Familie – hatte für mich nicht wirklich Bedeutung, solange ich auf meine existentielle Frage keine Antwort hatte. Ich erlebte diese Priorität wie eine Verpflichtung: Diesen Weg muß ich bis ans Ende gehen, vor allem anderen, und koste es, was es wolle.

Frage: Wie erklärst du dir, daß nicht alle Menschen sich auf diese Suche machen?

W. B.: Dafür habe ich keine Erklärung. Aber ich möchte durchaus die Annahme anfechten, daß es nicht alle seien. Aus einer gewissen Sicht ist jeder Mensch Teil dieser Suche. Spätestens im Augenblick des Todes ist jeder mit seinen Ursprüngen konfrontiert. Besser ist es wohl, wenn man schon vorher zu ihnen zurückgefunden hat.

15

Frage: Deine Suche hat dich an die Quellen deiner Existenz, der Existenz überhaupt, geführt. Was beweist mir, daß deine Worte wahr sind?

W. B.: Es gibt keinen Beweis, den die Sinne oder das Denken erfassen könnten. Weder für Außenstehende, noch für uns selbst. Für den, der sich in seinem Ursprung wiedererkennt, ist es eine beweislose Offensichtlichkeit. Dieses Wiedererkennen findet auf einer anderen logischen Ebene* statt als zum Beispiel der Gebrauch komplexer Äquivalenzen[1], die als Teil unserer ständig ablaufenden Denkvorgänge im Meta-Modell* des NLP beschrieben sind. Auf der logischen Ebene der Urwahrnehmung, die ich „vorsinnliche Wahrnehmung"* nenne, kann es keine solchen Beweise geben; hier befinden wir uns im Bereich der unbeweisbaren Phänomene.

Frage: Wenn ich dich richtig verstehe, ist menschliche Erfüllung deiner Auffassung nach *außerhalb* des Rahmens zu finden, den uns Psychologie, Philosophie oder Religion normalerweise dafür anbieten?

W. B.: Ja. Spirituelle Lehren (mit Ausnahme des Zen) beinhalten auch eine gewisse psychologische Vision, behandeln in irgendeiner Weise das innere und das äußere Leben. Sie geben Antworten auf das menschliche Grundbedürfnis nach dem Verstehen der Komplexität des Lebens, der Existenz. Es gibt unzählige Modelle, die den Sinn des Lebens erklären und uns „Anleitungen zum Glücklichsein" geben. Wir finden sie in der Psychologie, in der Philosophie und in den Religionen. Heutzutage ist es wahrscheinlich *notwendig*, sich damit zu befassen, um sich weiterzuentwickeln. Dieses Bedürfnis, das Leben als solches zu verstehen, stellt sich schon in der frühen Kindheit ein mit Fragen wie: „Wer hat die Welt erschaffen? Was ist Unendlichkeit?" Dies sind typische Fragen, auf die Eltern antworten müssen. Das Problem besteht darin, daß sich kein

---

[1] Komplexe Äquivalenzen sind linguistische Strukturen nach dem Muster: x beweist y. Beispiel: Du bist fröhlich, also geht es dir gut.

einziges Modell wirklich eignet, diese Fragen zu beantworten, oder, anders ausgedrückt: Jede verbale Antwort auf solche Fragen klingt zwangsläufig falsch. Daraufhin legen die meisten Kinder diese Art Fragen erst einmal beiseite. Manche holen sie später wieder hervor und machen sich auf, eine Antwort zu finden.

Zum Glück gibt es eine Antwort, aber sie ist weder mental-verbal, noch ist sie in den Bereichen von Philosophie, Psychologie oder Religion zu finden. Folgendes Modell veranschaulicht vielleicht, was ich sagen möchte: Nehmen wir einmal an, daß alles, was wir mit unseren Sinnen wahrnehmen, nur ein Bruchteil dessen ist, was existiert, sagen wir 1 Prozent. Die restlichen 99 Prozent liegen gänzlich außerhalb unserer Wahrnehmungsmöglichkeiten. Das eine Prozent ist ausreichend für unser tägliches Leben. Darin sind enthalten: das Verstehen von Worten, von psychologischen und philosophischen Ideen, von sogenannten Naturgesetzen, von Gesellschaftsregeln und was es sonst noch alles zu verstehen gibt. Die übrigbleibenden 99 Prozent sind unbenennbar, wir wissen also nichts über sie. Was sollen wir also tun, um etwas über sie zu erfahren, um die 99 Prozent wahrzunehmen, die sich außerhalb unserer sinnlichen Wahrnehmungsmöglichkeiten befinden? Und hierbei verbiete ich mir jegliche verbale Antwort.

Frage: Ich verstehe nicht ...

W. B.: Nimm das „Ich" weg! Was übrigbleibt, lautet: „verstehe nicht"; das beinhaltet auch: „sehe nicht, höre nicht, fühle nicht, schmecke nicht, rieche nicht." Wollen wir noch weiter gehen, können wir sagen: keine Gedanken, keine Modelle, keine Überzeugungen, ... kein „Ich" ... Und damit sind wir bei dem entscheidenden Hindernis angelangt, das uns an der Wahrnehmung der 99 Prozent hindert, die die Antworten auf existentielle Fragen geben: Das Hindernis ist unsere Identität*, unser Ich. Dieses Ich nimmt nur das eine Prozent wahr, welches in Worte faßbar und kategorisierbar ist – eine vergleichbar kleine Welt, in der es manchmal vor Trauer sterben und manchmal vor Freude hüpfen möchte. Dieses Ich hat rein funktionellen Charakter, es ermöglicht uns, all das zu lernen und zu wissen, was wir zur Bewältigung unserer täglichen Aufgaben brauchen. Von seinem Entwicklungsgrad hängt auch unser Erfolg als soziale Wesen ab. Gleichwohl macht es nur ein kleines Prozent der Gesamtheit der persönlichen Existenz aus.

Um gleich Mißverständnissen vorzubeugen: Es geht keinesfalls darum, das Ich abzuschaffen. Das wäre unmöglich. Es geht auch nicht darum, seine Kompetenzen und Fähigkeiten in Frage zu stellen. Es geht vielmehr darum, den Bereich der 99 Prozent, des Unbekannten und des Unerkennbaren wiederzuentdecken, ohne jedoch dabei die Fähigkeiten des 1-Prozent-Ich einzuschränken. Das Ich behält seine funktionellen Aufgaben, es ist ein wertvolles Werkzeug für die sozialen Verpflichtungen im täglichen Leben. Es wird zum Beispiel immer dann aktiviert, wenn wir eine Information suchen, etwas Neues lernen, wenn wir für die Zukunft planen, wenn wir uns mit jemandem unterhalten, überlegen, nach welchen Kriterien zu entscheiden ist etc. Es ist jedoch weder das Zentrum noch der Chef. Es ist das ausführende Organ. Die vorsinnliche Wahrnehmung erwächst aus den 99 Prozent, die all das umfassen, was nicht verstehbar, nicht greifbar, nicht erklärbar und nicht nennbar ist. Die Daseinsberechtigung des 1-Prozent-Ich besteht in seiner ausführenden Funktion, es vervollständigt so das Ganze.

Frage: Was bringt mir das?

W. B.: Zunächst einmal gar nichts. Fragen nach der Nützlichkeit liegen auf der logischen Ebene des einen Prozents. Eine der Voraussetzungen dafür, der 99 Prozent gewahr zu werden, ist es, vom Denken in Nützlichkeitskategorien Abstand zu nehmen.

Frage: Wenn es also nichts bringt, was kann einen dann dazu motivieren, es erfahren zu wollen?

W. B.: Es bringt nichts für das *Ich*, welches aufgrund seiner inneren Natur ganz legitimerweise den Regeln von Aufwand und Nutzen folgt. Um auf die Frage zu antworten, werde ich eine Metapher gebrauchen, aber ich tue dies mit der größten Vorsicht.

18

Die Motivation, die 99 Prozent zu erfahren, kann nicht vom Ich kommen. Aber man kann davon ausgehen, daß es noch eine andere Art der Motivation gibt, die sich irgendwo im Bereich der 99 Prozent befindet. Sie enthüllt sich mit viel größerer Diskretion, als die Motivationen des Ich es tun. Man kann sie manchmal wahrnehmen, sie klingt wie Sirenengesang, ganz sanft, ganz verführerisch, fast unhörbar: „Komm, ... komm nach Hause ..." Sonst nichts. Doch das ist schon genug, damit sich das Ich zutiefst bedroht fühlt, und dies ganz ohne Grund. Kommt es eines Tages dazu, daß das Ich den Gesang der Sirenen vernimmt, und sei es nur für einen Augenblick, dann erkennt es im selben Moment, wie relativ und peripher seine Existenz ist, und daß der Tag kommen wird, an dem es nicht mehr im Mittelpunkt stehen wird. Das Ich muß allerdings einen gewissen Reifegrad erreicht haben, um sich vom Sirenengesang durchdringen zu lassen, sonst geht es ihm wie dem Odysseus, der es vorzieht, Kirkes Ratschlägen anstatt dem zu folgen, wonach ihm eigentlich ist.

[Zu „Sirenengesang": vgl. das Abenteuer des Odysseus mit den Sirenen, S. 167]

Frage: Woran erkennt man ein reifes Ich?

W. B.: Wie ich schon sagte: Daran, daß ihm der Gesang der Sirenen hörbar wird. Oft passiert dies in Momenten, in denen der Heranwachsende oder der Erwachsene anfängt, sich essentielle Fragen nach dem Sinn des Lebens und dem Grund der Existenz zu stellen. Wir sind alle „ich-los" – ohne die trennende Identität – geboren, und wir standen alle vor der Notwendigkeit, ein Ich zu erschaffen.

Eine der Eigenschaften eines reifen Ich ist, daß es die Verantwortung für sein Dasein übernimmt. Dazu gehört, daß es begriffen hat, daß wir nicht als Folge „fördernder" oder „ungünstiger" Umstände dahin gekommen sind, wo wir uns befinden. Dadurch ist es dann auch in der Lage, den Sirenengesang von den falschen Rufen zu unterscheiden: Sirenen kann ich nur hören, wenn ich zu meiner Einsamkeit stehe. Die Lockrufe, die oft von Gurus auf der Suche nach Anhängern ausgesandt werden, finden bei Leuten Gehör, die glauben, ein spirituelles Leben zu führen hieße, sein eigenes Ich durch das Ich eines anderen zu ersetzen, in der Annahme, daß letzteres stärker und weiser sei. Dann gibt es auch noch diejenigen, die an eine Art göttlicher Energie glauben, die sie eines Tages erlösen werde: Seine Verantwortung in der Gesellschaft nicht zu übernehmen kann einen ins Gefängnis bringen; seine Verantwortung für sich selbst nicht zu übernehmen führt dazu, daß man glaubt, die Befreiung komme von außen.

Eine weitere Eigenschaft des gereiften Ichs ist die Abwesenheit von Schuldgefühl. Wer sich entschließt, sich von diesem nagend-schmerzhaften Gefühl einnehmen zu lassen, entscheidet sich gleichzeitig dafür, die Verantwortung abzugeben für das, was er getan hat, oder aber dafür, daß er erlaubt hat, daß man es mit ihm macht. Ein gereiftes Ich ist in der Lage, für alles, was passiert, zu stehen, selbst wenn dies mit einem psychischen Leiden einhergehen sollte. Es ist in der Lage, Reue zu empfinden, Reue *ohne Schuldgefühl*.

Frage: Es ist also besser, an sich selbst zu glauben, als an jemand anders?

W. B.: Besser noch ist es, *ohne* Glaubenssysteme* auszukommen. Es sei denn, man befindet sich in einer Situation des täglichen Lebens, in der man eine Überzeugung erfindet, um keine Unannehmlichkeiten zu haben, oder um zu vermeiden, jemandem anders wehzutun. Je mehr ich an etwas glaube, desto stärker wird der Glaube an die Idee, daß das eine Prozent alles sei, was es gibt, und desto weniger bin ich in der Lage, den Sirenengesang wahrzunehmen.

Was ich gerade gesagt habe, kann natürlich nicht einem Kind vor dem Pubertätsalter vermittelt werden. Für ein Kind ist es vor allem notwendig, seine Identität zur Reife zu bringen, das heißt, es sollte lernen, eigene Meinungen und Beurteilungen zu bilden; Überzeugungen sind unabdingbare Nahrung für sein Ich.

Frage: Welche Rolle hat NLP bei deiner Suche gespielt?

W. B.: Ich möchte zunächst einmal mein Verständnis des NLP klarstellen. NLP ermöglicht es, sich besser kennenzulernen; das Funk-

20

tionieren der einzelnen Elemente des Bewußtseins kann sehr klar herausgearbeitet werden. Dadurch wird man auf ganz natürliche Art und Weise im gesellschaftlichen Leben erfolgreicher. Bei richtiger Handhabung kann NLP dazu beitragen, daß das Ich schneller zur Reife gelangt. Dazu möchte ich einige Beispiele anführen:

1. NLP arbeitet mit nützlichen Vorannahmen, zum Beispiel mit der folgenden: Die Welt, die wir *wahrnehmen*, entspricht nicht der objektiven Wirklichkeit. Oder, wie es Korzybski in seinem Hauptwerk *Science and Sanity* ausdrückt: Die Landkarte ist nicht das Gebiet, das sie skizziert. Mit unserem Nervensystem „lesen" wir sowohl die Ereignisse unseres Lebens als auch die Menschen, denen wir begegnen. NLP lehrt uns, wie wir diese Lektüre so verfeinern können, daß möglichst wenig Lesefehler entstehen. Fehlerarmes „Lesen" von Ereignissen und Mitmenschen läßt uns unter anderem erkennen, daß jedes Individuum mit einem ihm eigenen, einzigartigen Weltbild ausgestattet ist; daß jeder nach eigenen Kriterien und Glaubenssystemen denkt und handelt und daß jeder seine eigenen Strategien entwickelt, die es ihm ermöglichen, seine Aufgaben im Leben zu meistern (oder auch nicht).

   Als menschliche Wesen gehen wir immer nach unserer eigenen inneren Landkarte vor, die per Definition nicht das Gebiet ist, auf dem wir operieren. Die Art und Weise der Entstehung der verschiedenen Landkarten hängt von genetischen Faktoren und von Lernprozessen ab. Halten wir fest, daß jeder seine Umwelt mit einer anderen Karte angeht. Will ich also jemanden verstehen, so studiere ich am besten gewissenhaft seine Karte, statt von der falschen Idee auszugehen, daß seine Karte der meinen gleicht. Ein gereiftes Ich trägt dieser Erkenntnis Rechnung.

2. Im NLP gibt es eine Übung, die uns unseren eigentlichen Lebenssinn enthüllen kann. Sie wurde ursprünglich (unter dem Namen „Kriterienbaum") von Gene Early, einem frühen NLP-Trainer, entwickelt, ist aber bisher kaum bekannt geworden. Im Zusammenhang mit der Entwicklung des Ur-Credo-Prozesses – durch den sie einen gänzlich neuen Charakter bekam – habe ich

sie modifiziert und umbenannt in „Der essentielle Wert".* Es handelt sich um das Ausgraben (oder Aufdecken) des kostbarsten Schatzes, des Wesenskerns, der in jedem schlummert und dessen man sich normalerweise gar nicht bewußt ist. Ihn an die Oberfläche zu befördern hilft dem Ich, zur Reife zu gelangen. Wer diese Übung bis zu Ende durchführt, fühlt sich zutiefst verstanden und bereichert, ohne daß es für das Verstandenwerden einer anderen Person bedürfte. (Siehe Kapitel IV)

3. Nehmen wir als letztes Beispiel die Glaubenssysteme oder Überzeugungen. Sie haben für die Identität eine vergleichbare Bedeutung wie der Baumstamm für einen Baum. So, wie man im NLP daran arbeitet, wird klar, daß keine einzige unserer Meinungen, Überzeugungen oder Beurteilungen aus uns selbst heraus entstanden ist. Das bedeutet, daß sämtliche Glaubenssysteme von außen an uns herangetragen wurden und veränderbar sind. Als mir dies deutlich wurde, tauchte folgende Kernfrage in mir auf: „Wer bin ich, wenn meine tiefsten Überzeugungen mich nicht definieren können?" Durch die Begegnungen mit Yvan Amar entstand dann nach und nach eine immer größere Klarheit in mir, die auf ganz natürliche Weise mein intellektuelles Verstehen in den Hintergrund drängte: Ich *bin* nicht meine Überzeugungen; ich bin nicht die Begriffe, die ich im Austausch benutze; ich bin nicht die Worte, die mein Hirn mit Hilfe des inneren Dialogs produziert.

Frage: Du bist zu der Einsicht gelangt, daß du nicht das bist, was du zu sein glaubtest?

W. B.: Ja, aber das war nicht so einfach, wie es klingt. Mein Nervensystem hat mir ganz schön mitgespielt. Das Ich läßt nicht so einfach los. Aber nachdem mir klar geworden war, daß „ich" mich nicht mehr durch Begriffe oder Überzeugungen definieren kann, hatte ich das Glück, auf einen Mechanismus in mir zu stoßen, der die Identifizierung mit dem Ich ständig aufrechterhielt. Ich habe ihn dann später „Ur-Credo"* getauft.

Auf das Ur-Credo in sich zu stoßen heißt auch, das Leiden der Trennung zu erfahren: „Ich habe mich getrennt vom anderen und vom Leben." Das Ur-Credo zu überwinden heißt meiner Erfahrung nach gleichzeitig, alle sogenannten psychischen Leiden zu überwinden. Wenn man das Ur-Credo in sich in Frage stellt, wird das Verhaftetsein an das Ich nach und nach aufgelöst; das Ich wird immer mehr in die Enge getrieben, bis es seine Vormachtstellung aufgibt.

Frage: Wie wirken sich deine Erkenntnisse über die existentiellen Grundfragen in deiner Arbeit aus?

W. B.: Meine Motivationen haben sich grundlegend geändert. Vorher drehte sich alles um mein materielles und vor allem um mein psychisches Wohlergehen. Ersteres spielt nur noch eine untergeordnete, rein funktionelle, letzteres überhaupt keine Rolle mehr in meinem Leben. Solange es Nachfrage, das heißt motivierte Teilnehmer gibt, werde ich mit Hilfe von Seminaren versuchen, ihnen einen Einblick in die Dimension der vorsinnlichen Wahrnehmung zu vermitteln. Dazu habe ich den Ur-Credo-Prozeß entwickelt, der die Grundfesten der Identität, das Ur-Credo, zumindest einmal kurzfristig aus den Angeln heben kann. Es würde für mich allerdings keinen Unterschied machen, wenn ich meinen Lebensunterhalt anderweitig bestreiten müßte.

Frage: Und was machst du heute sonst noch?

W. B.: Was ich im NLP mag, liebe ich auch im Leben: in spielerischer Weise den Dingen auf den Grund gehen, sie auseinanderpflücken, Neues entdecken, analysieren und synthetisieren, Hypothesen erstellen und Teil der Suche nach dem Grund der Dinge sein, der mit seinen eigenen Ursprüngen spielt; und dies, indem ich mir die absolute Freiheit gestatte, immer noch neugieriger zu werden, wobei ich mich gleichzeitig vom Gesang der Sirenen wiegen lasse.

Kapitel I

Vorsinnliche Wahrnehmung – die erlebbare Dimension des Unnennbaren

Funktionelles und Existentielles –
zwei völlig verschiedene logische Ebenen

Wenn wir von NLP sprechen, meinen wir meist seinen „funktionellen" Aspekt. Dieser ist allgemein gebräuchlich und wird dazu genutzt, ...

- Ressourcen voll auszuschöpfen;

- mehr Effizienz in den Lebensbereichen zu entwickeln, in denen Kommunikation eine Rolle spielt;

- Kontrolle über mentale Vorgänge zu erwerben;

- sich auf schmerzlose Weise zu verändern, um nicht mehr zu leiden.

Ich habe hierfür den Begriff „funktionell"* gewählt, weil die NLP-Techniken uns zu einem besseren „Funktionieren" – sowohl im persönlichen als auch im zwischenmenschlichen Bereich – verhelfen können. Sie sind leicht anwendbar und für jeden geeignet, der in seinem Leben besser zurechtkommen, seine Ausdrucksfähigkeit entfalten oder aus seinen ungenutzten Ressourcen schöpfen möchte. Im Laufe einer (guten) NLP-Ausbildung können wir relativ mühelos lernen, jene „High-Tech"-Vorgehensweisen zu meistern, die zu dem großen Erfolg von NLP in den Vereinigten Staaten und in Europa geführt haben. Eine Vielzahl von Büchern, Audio- und Videokassetten sowie Artikeln in den verschiedensten Zeitschriften zeugen von diesem Erfolg.

Das vorliegende Buch behandelt eine Anwendungsform von NLP, die sich an Menschen wendet, die nach dem Sinn des Lebens suchen: Von der Vorannahme ausgehend, daß jedem Menschen die Fähigkeit innewohnt, sich dauerhaft von allen sogenannten psychischen Zwängen zu befreien, gibt es Hinweise, wie wir mit NLP-Methoden den Zusammenbruch der „trennenden Identität"* und ihres zentralen Elementes, des Ur-Credos (siehe Kapitel III), vorbereiten können.

Das In-sich-Zusammenstürzen der trennenden Identität bringt uns in unmittelbaren Kontakt mit der Ebene des „Existentiellen“.[2] Im selben Augenblick begegnen wir in uns einer seit frühester Kindheit in Vergessenheit geratenen Dimension. Sie befindet sich auf der logischen Ebene des Existentiellen*, weil ihr Erleben uns unmittelbar mit den Ursprüngen unserer Existenz, der Existenz schlechthin verbindet. Diese Dimension kann man erleben, aber nicht beschreiben. Wer sie erfährt, nimmt das Leben in jedem Augenblick unmittelbar, direkt, „vorsinnlich“ wahr. Ich nenne diese Wahrnehmung vorsinnlich, weil sie als allgemeinste und nichtdifferenzierende Form von Wahrnehmung *vor* der erkennbaren und beschreibbaren sinnlichen Wahrnehmung liegt.

Die trennende Identität

In diesem Buch möchte ich einen meines Wissens bislang noch nicht behandelten Aspekt des NLP darstellen. NLP wird auch die „Wissenschaft von der Subjektivität“ genannt. Schon lange fühlte ich die innere Verpflichtung, bis an die Grenzen meiner eigenen Subjektivität vorzustoßen. Hieraus hat sich ein Modell entwickelt, das es ermöglicht, sich in seinen tiefsten Gründen zu erforschen, bis hin zum entlegensten Teil seiner Identität.

Was ist Identität? Wie schon aus dem alltäglichen Gebrauch des Wortes zu erschließen ist, handelt es sich um das Phänomen, daß wir glauben, identisch, immer gleichbleibend und unabhängig von den jeweiligen Lebensumständen zu sein. Wir glauben fest daran, daß es in uns etwas gibt, was sich nicht verändert; wir glauben zu existieren.

---

[2] „Existieren“ geht zurück auf das lateinische Wort „existere“ = sich zeigen, sich manifestieren, erscheinen, hervortreten. Es enthält die indogermanische Wurzel „stare“ = aufrecht sein, stehen. Die Unterscheidung zwischen „existentiell“ und „funktionell“ habe ich aus rein didaktischen Gründen vorgenommen. In Wirklichkeit sind sowohl die vorsinnliche wie die sinnliche Wahrnehmung als auch die Repräsentationen in jedem Moment ineinander verwoben; die vorsinnliche Wahrnehmung befindet sich auf der logischen Ebene des Seins, die Repräsentationen auf der logischen Ebene des Tuns.

Wir existieren ohnehin – warum erhalten wir dann diese Glaubensrepräsentation[3] aufrecht? Würden wir aufhören zu existieren, wenn wir nicht mehr davon überzeugt wären, daß wir existieren?

Im weiteren werde ich auf folgende Hypothese näher eingehen: *Wir sind in einer trennenden, selbst geschaffenen Identität eingeschlossen, mit deren Aufbau wir bereits in früher Kindheit begonnen haben.* Das Kleinkind, das den Paradiesgarten des reinen Seins verläßt, um sich nach und nach seine Identität zu schaffen, gehorcht einem Grundbedürfnis. Sich vom anderen, von der Natur, vom Leben, von seiner Essenz zu trennen ist eine unerläßliche Vorbedingung, um erwachsen zu werden und um all die Fähigkeiten zu entwickeln, die man allgemein als menschliche Intelligenz bezeichnet: die Fähigkeit der Repräsentation und das damit einhergehende Verständnis von Zeit (Vergangenheit-Gegenwart-Zukunft); das Erinnerungsvermögen; die mentalen[4] Fähigkeiten des Abstrahierens und des Verallgemeinerns, die für alle Lernprozesse unabdingbar sind. Der Aufbau der Identität ist also eine unverzichtbare Hilfe, damit wir zu dem werden können, was man gemeinhin ein soziales Wesen nennt.

Dieses mentale Hilfskonstrukt bleibt jedoch auch dann noch weiterbestehen, wenn es seinen Dienst bereits erfüllt hat. Sobald der Mensch erwachsen ist und (mehr oder weniger gut) „funktioniert", ist die existentielle Dimension in Vergessenheit geraten, und wir erinnern uns nicht mehr der vorsinnlichen Wahrnehmung, die doch allem innewohnt. Ja, alles Existierende nimmt vorsinnlich wahr, der Filzstift ebenso wie die Katze, der Lastwagen ebenso wie die Freiheitsstatue. Nur vergißt der Mensch, nachdem er sprechen gelernt hat, daß alles – er selbst eingeschlossen – aus derselben Energie besteht. Andererseits scheint es ein Privileg des Menschen zu sein, Bewußtsein zu entwickeln und im *Bewußt*sein der vorsinnlichen

---

[3] Das Wort Repräsentation stammt vom lateinischen „repraesentare" ab, was soviel bedeutet wie: sich etwas vergegenwärtigen, vor Augen stellen; sich in konkreter oder symbolischer Weise das Bild von etwas Abstraktem vorstellen; sich ein Bild von etwas machen oder etwas in Worte kleiden.

[4] Mental: alles, was sich im Geiste abspielt.

Wahrnehmung leben zu können. Erst wenn er den Zugang zum Ausgangspunkt wiedergefunden hat, kommt seine kreative Schöpferkraft voll zur Geltung.[5] Es steht ihm weiterhin all das zur Verfügung, was er gelernt hat.

Die vorsinnliche Wahrnehmung: Anregungen zum In-sich-Hinausgehen

- Es ist nicht dasselbe, ob ich etwas wahrnehme[6] oder ob ich denke, daß ich etwas wahrnehme.

- Die vorsinnliche Wahrnehmung nimmt wahr, ohne an das Wahrgenommene zu denken und ohne daß sie weiß, was sie wahrnimmt.

- Sie befindet sich vor jedem Denkvorgang, vor jedem Verstehensprozeß, vor jedem Verbalisieren, vor jedem visuellen oder auditiven Eindruck, vor jedem Gefühl. Die vorsinnliche Wahrnehmung besteht (auch) ohne Aktivieren der Sinne sowie (auch) unabhängig von jeglichem Zuteilen von Bedeutung. Sie verdichtet sich zu *und ist gleichzeitig* die unmittelbar-sinnliche Wahrnehmung, der wir dann wiederum mit Hilfe unserer Glaubenssysteme Bedeutung verleihen. Die vorsinnliche Wahrnehmung verschwindet nicht im Zuge dieses Vorgangs, der dem Wahrgenommenen eine Bedeutung verleiht; lediglich der Zugang zu ihr gerät in Vergessenheit.

- Es gibt keinen mentalen Vorgang, der sie fassen könnte; keine Emotion kann sie fühlen; und doch entstehen aus ihr unsere Wahrnehmungsfähigkeiten.

---

[5] Die freie Entfaltungsmöglichkeit der schlummernden Talente ist nicht mehr durch intrapsychische Konflikte behindert.

[6] Wahrnehmen heißt im Lateinischen „percipere", was bedeutet: mit den Sinnen erfassen, begreifen, verstehen. Die vorsinnliche Wahrnehmung zeichnet sich unter anderem dadurch aus, daß sie nicht mit den Sinnen erfaßt; sie ist die Sinne und zur gleichen Zeit das Wissen um ihre Ursprünge.

- Die vorsinnliche Wahrnehmung impliziert weder Abwesenheit von Wahrnehmungsfähigkeit noch Abwesenheit von sinnlicher Wahrnehmung.

- Die Dimension der vorsinnlichen Wahrnehmung ist am ehesten noch mit einer Leere oder mit einem Nichts zu vergleichen; man könnte also sagen, daß sie die Abwesenheit des *sich* wahrnehmenden Wahrnehmens eines wahrgenommenen Objekts ist. Wenn wir einen Gegenstand betrachten, passiert es im Bruchteil einer Sekunde, daß wir vom unmittelbar-sinnlichen Wahrnehmen zum Zuschreiben seiner Bedeutung übergehen. Auf der Ebene der vorsinnlichen Wahrnehmung nehmen wir das Wahrgenommene als nicht von uns getrennt wahr, seine Bedeutung und sogar das ihm zugeordnete Wort sind gänzlich abwesend. In diesem Sinne und per Definition befindet sich die vorsinnliche Wahrnehmung außerhalb der Zeit und hinterläßt dadurch auch keine Erinnerung. Sie unterscheidet nicht, sie vergleicht nicht und weiß auch nichts von der sinnlichen Wahrnehmung.

- Sie empfängt sensorische Informationen über das Nervensystem, ohne daß es zu einer Deutung oder Entschlüsselung kommen muß.

- Man könnte meinen, daß die vorsinnliche Wahrnehmung sich nicht mit dem verträgt, was wir gemeinhin Denken, Repräsentieren, in der Gesellschaft leben usw. nennen. Dem ist aber nicht so. Wenn wir die vorsinnliche Wahrnehmung als Erwachsene in uns wiederfinden, sind wir sofort mit dem tiefsten Sinn unseres Seins verbunden. Gleichzeitig steht uns weiterhin alles Gelernte zur Verfügung, und wir leben in der Welt der Repräsentationen ganz normal weiter.

- Die vorsinnliche Wahrnehmung hat ihren Platz auf der existentiellen Ebene: Hier nimmt alles Existierende auf die gleiche Weise wahr.

- Die vorsinnliche Wahrnehmung bleibt wach, auch wenn wir (nachts) schlafen: Sie schläft nie; man kann die vollständige Abwesenheit von Repräsentationen mit dem Tiefschlaf vergleichen, den wir während mehrerer Stunden nachts erleben. Tagsüber, im Wachzustand, vermittelt die vorsinnliche Wahrnehmung dem, der sie wiederentdeckt hat, den Eindruck, daß die im Alltag ablaufenden Geschehnisse wie in einem Traum passieren.

- Die vorsinnliche Wahrnehmung beinhaltet immer das Unbekannte, das Nichtstrukturierte, das Zufällige, das „geordnete Chaos", die Leere.

- Alles, was im Universum existiert, und alles, was im Universum *nicht* existiert, nimmt vorsinnlich wahr. In diesem Sinne könnte man auch von universeller Wahrnehmung sprechen.

- Für die vorsinnliche Wahrnehmung ist offensichtlich, daß zwischen dem Ich und den anderen kein Unterschied besteht.

Die vorsinnliche Wahrnehmung befindet sich also auf einer anderen logischen Ebene als die sinnliche (visuelle, auditive, kinästhetische, olfaktorische, gustatorische = VAKOG-)Wahrnehmung, welche sich ihrerseits nicht auf demselben logischen Niveau wie die Repräsentationen befindet. Wenn wir die vorsinnliche Wahrnehmung erleben, nehmen wir die uns begegnenden Phänomene als zeitlos, als immerwährend gegenwärtig und gleichzeitig als sich verändernd wahr.

Vergangenheit, Gegenwart und Zukunft existieren nicht als solche, sondern verdanken ihr Dasein einem blitzschnellen mentalen Vorgang, der sie im Bruchteil einer Tausendstelsekunde ins Leben ruft. Da das Erinnerungsvermögen nur existieren kann, wenn die Zeitrepräsentation funktioniert, kann auf der Ebene der vorsinnlichen Wahrnehmung keine Erinnerung entstehen. Deshalb kann man auch sagen, daß es dort nichts zu lernen, zu erreichen oder zu erfüllen gibt. Derjenige, der sie erlebt, weiß, daß er alles erreicht hat. Er befindet sich auf der existentiellen Ebene des Unnennbaren, des Zeitlosen, außerhalb jeglicher Sprache, er begegnet den Ereignissen von der Warte der Referenzstruktur (siehe Kapitel II).

Wer die vorsinnliche Wahrnehmung lebt, nimmt sich nicht mehr als eine abgetrennte Identität wahr, „identisch" in allen Lebensumständen. Er hat sich mit den Widersprüchen seiner menschlichen

Existenz ausgesöhnt, paßt sich den Verhältnissen des Lebens an und fügt sich in jede Situation neu ein, wird Teil von ihr. Es ist nicht eine Überzeugung, sondern der Kontext, der seine Handlungen und Reaktionen bestimmt. Da er keinem Glaubenssystem mehr anhängt, kann man sagen, daß er identitätslos geworden ist. Die Frage nach dem Sinn des Lebens stellt sich hier nicht mehr, weil der Sinn des Lebens bewußt in jedem Augenblick gelebt wird.

* * *

Und du bist glücklich.
Unerklärlicherweise.
Du siehst die Freuden und die Leiden vorbeiziehen,
die Tränen des Lachens und die des Trauerns.
Jeder Moment ist wieder anders.
Alles kann passieren.
Jetzt
lebst du.

Marie Noëlle Pélerin
[1995]

NLP und vorsinnliche Wahrnehmung

Damit die nachfolgenden Kapitel besser verständlich werden, beschreibe ich hier zunächst einige wesentliche Elemente des NLP.

Normalerweise beschäftigt sich eine NLP-Ausbildung mit den funktionellen Aspekten des menschlichen Lebens. NLP geht von der Grundannahme aus, daß das Weltbild eines Menschen sich durch die mannigfaltigen sinnlichen Eindrücke bildet, die er von Beginn des Lebens an durch seine fünf Sinne aufnimmt.

Die Art und Weise, wie jemand die von außen an ihn herantretenden Informationen in sich verarbeitet, bestimmt auch seine Lebensweise. Der Ausdruck „Weltbild" bedeutet mehr als nur Lebensphilosophie. Er beinhaltet auch die Art unseres Verhaltens, unserer Kreativitäts-, Entscheidungs- und Motivationsstrategien, unserer verschiedenen inneren Zustände, unserer Fähigkeiten, Projekte zu verwirklichen, sowie unserer Überzeugungen und Wertvorstellungen.

Eine NLP-Ausbildung entschlüsselt all diese verschiedenen Funktionen und lehrt, wie man sie gegebenenfalls modifizieren kann, damit unser Leben angenehmer, leichter und mit weniger Leiden ablaufen kann. Jeder Teilnehmer bestimmt selbst die Intensität seines Engagements und den Rhythmus, in dem er sich weiterentwickeln will. Dabei wird besonders darauf geachtet, daß Veränderungen unter Einbeziehung ökologischer Gesichtspunkte angegangen werden. (Siehe „Ökologiecheck"*) Es wird unterschieden zwischen innerer Ökologie (das heißt, daß bei Verhaltens- und Einstellungsänderungen keine schädlichen Nebenwirkungen im Innern auftreten) und äußerer Ökologie (das heißt, daß Verhaltensänderungen keine unerwünschten Auswirkungen auf das soziale Umfeld des Betreffenden mit sich bringen).

NLP ist dadurch gekennzeichnet, daß es ideologisch, konfessionell und philosophisch völlig unabhängig ist. Es gibt dem Praktizierenden rein zweckgebundene, wirkungsvolle und leicht anwendbare mentale Techniken an die Hand, die das psychische Leben gesunden lassen und angenehmer machen.

Hier eine schematische Darstellung des NLP-Modells vom Menschen:

G L A U B E N S -	S Y S T E M E	K R I T E R I E N	INNERE ZUSTÄNDE	K O N T E X T
			STRATEGIEN	

Dieses Schema beinhaltet wichtige Themen einer NLP-Ausbildung; wir betrachten es hier besonders unter den die mentale Kontrolle betreffenden Aspekten:

- **Innere Zustände** sind zum Beispiel: konzentriert sein, glücklich sein, angespannt sein, deprimiert sein. NLP vermittelt Möglichkeiten, wie wir Kontrolle über sie erlangen können, mit anderen Worten: wie wir lernen können, die den Umständen am besten entsprechenden inneren Zustände in uns herzustellen.

- **Mentale Strategien** sind zum Beispiel Lernstrategien, Motivations- und Entscheidungsstrategien; NLP kennt verschiedene Möglichkeiten, sie zu verfeinern.

- Unsere **Kriterien** geben Aufschluß über das, was uns wichtig ist. Sie sind hierarchisch organisiert; die Reihenfolge innerhalb dieser Hierarchie kann gegebenenfalls modifiziert werden (siehe auch Kapitel IV);

- **Überzeugungen** und Glaubenssysteme garantieren die Kohärenz unserer Verhaltensweisen. Die NLP-Ausbildung vermittelt Möglichkeiten, sich ihrer bewußt zu werden und sie gegebenenfalls zu verändern.

Eine NLP-Ausbildung im Licht der vorsinnlichen Wahrnehmung fügt dem oben vorgestellten Schaubild das Ur-Credo hinzu (siehe Kapitel III):

Das Ur-Credo ist das Kernelement der menschlichen Psyche; aus ihm erwächst die Identität, die es möglich macht, Repräsentationen zu schaffen.

Eine NLP-Ausbildung im Licht der vorsinnlichen Wahrnehmung beinhaltet über die üblichen Themen hinaus das Aufdecken und In-Frage-Stellen des Ur-Credos. Eine solche Ausbildung kann nur von einem Trainer angeleitet werden, der den Zugang zur vorsinnlichen Wahrnehmung in sich selbst wiederentdeckt hat.

Nach dem In-Frage-Stellen des Ur-Credos ergibt sich folgendes Bild:

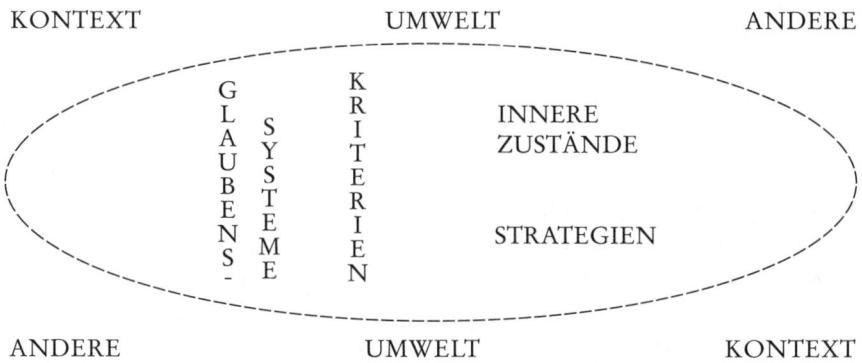

Dieses Schaubild stellt den in der vorsinnlichen Wahrnehmung lebenden Menschen dar. Natürlich hat er noch Zugang zu Überzeugungen, Meinungen und Wertvorstellungen, inneren Zuständen und Strategien. Aber all dies hat er als rein funktionell erkannt, er ist von diesen inneren Prozessen abgekoppelt, die Wiederankoppelung stellt sich von selbst und immer nur vorübergehend ein, je nach Kontext. Unterschiedliche Umstände verlangen jeweils entsprechende innere Zustände, Strategien, Kriterien und Überzeugungen. Die Umgrenzungslinie ist jetzt gestrichelt, die Freiräume zwischen den Strichen bedeuten die Aufhebung der Trennung zwischen dem Individuum und seiner Umwelt. Wer die vorsinnliche Wahrnehmung wiederentdeckt, kann sich nicht mehr als von seiner ihn umgebenden Welt getrennt betrachten. Er hat erkannt, daß die Illusion einer solchen Trennung von seinem selbsterschaffenen Ur-Credo aufrechterhalten wurde.

* * *

Robert Dilts, einer der Mitbegründer des NLP, formuliert die verschiedenen Dimensionen des Menschseins aus seiner Sicht wie folgt:

Spiritualität   Was ist meine Lebensaufgabe?

Identität   Wer bin ich?

Überzeugungen/Glaubenssysteme   Was glaube ich?

Kriterien   Was ist mir wichtig?

Fähigkeiten   *Wie* tue ich das, was ich tue?

Verhaltensweisen   *Was* tue ich?

Umwelt   Wann? Wo?

Dieses Modell zeigt einige der verschiedenen logischen Ebenen, die menschliches Tun und Denken ausmachen. Jede dieser Ebenen erzeugt andere Repräsentationen. Die Modifikation einer höhergelegenen Ebene führt im Regelfalle dazu, daß auch in den darunterliegenden Ebenen Veränderungen stattfinden.

36

Ein Modell, das den Menschen aus der Sicht der vorsinnlichen Wahrnehmung darstellt, könnte folgendermaßen aussehen:

Nicht-Identität/ Essentieller Wert/Umwelt	Wer bin ich?

- -

Identität/Ur-Credo	Wer glaube ich zu sein?
Überzeugungen/Glaubenssysteme	Was glaube ich?
Kriterien	Was ist mir wichtig?
Fähigkeiten	*Wie* tue ich das, was ich tue?
Verhaltensweisen	*Was* tue ich?
Umwelt	Wann? Wo?

Nur das Auflösen des Ur-Credos bringt uns in Kontakt mit unserer Nicht-Identität. Wer dies in sich erlebt, wird feststellen, daß sich seine Überzeugungen, Kriterien, inneren Zustände und seine Verhaltensweisen ganz wie von selbst jederzeit in den jeweiligen Kontext einfügen und an die Umgebung anpassen. Sobald wir die Ereignisse von der existentiellen Ebene der Nicht-Identität/Umwelt aus vorsinnlich wahrnehmen, wird jeder Augenblick ein Ausdruck des essentiellen Wertes (siehe Kapitel IV).

In Anlehnung an das geflügelte Wort Korzybskis (Die Karte ist nicht das Gebiet, das sie beschreibt) könnten wir an dieser Stelle sagen: Wenn wir mit dem Gebiet eins geworden sind, brauchen wir die Karte nicht mehr zu verändern.

* * *

Die nachfolgende Übersicht faßt die Darstellungen dieses Kapitels zusammen. Die Unterscheidung von vorsinnlicher Wahrnehmung und Repräsentation[7] ist aus rein didaktischen Überlegungen getroffen worden. In Wirklichkeit gibt es in der vorsinnlichen Wahrnehmung diese Unterscheidung nicht – Repräsentationen sind spezifische, von der vorsinnlichen Wahrnehmung nicht zu trennende mentale Funktionen.

---

[7] Repräsentationen sind mentale Konstruktionen, die wir für das (funktionelle) soziale Leben benötigen, zum Beispiel wenn wir sprechen, planen oder Modelle entwickeln.

Vorsinnliche Wahrnehmung	Repräsentation
existentielle Ebene	funktionelle Ebene
zeitlos	Zeit (Vergangenheit- Gegenwart-Zukunft)
Abwesenheit von Erinnerung	Erinnerungsfähigkeit
Referenzstruktur[8] (Abwesenheit von Worten)	Generalisierung/Tilgung/ Verzerrung
das „Unnennbare" (Korzybski)	Sprache, Worte
nichthierarchisierte, kontextbezogene Kriterien	hierarchisierte Kriterien
Abwesenheit von Projekten und Zielen	gegenwärtiger Zustand/ angestrebter Zustand
„absichtsloses" Denken	denken an oder über etwas
Nichtidentität	Identität
Vertrauen = ständiges In-Frage-Stellen	Überzeugungen und Glaubenssysteme
die „alles verbindende Struktur" (Bateson)	das Ur-Credo
sein	tun
kontextbezogen	ichbezogen
Nichtdualität (Abwesenheit von Verneinung; das Ja, das das Nein enthält)	Dualität (das Nein ist möglich)
Abwesenheit von Modellen	Modelle
Abwesenheit von Fragen, die den Sinn des Lebens betreffen	Fragen, die den Sinn des Lebens betreffen

Die vielen Verneinungen auf der linken Seite stellen keine Antithesen dar, sondern verweisen auf eine andere logische Ebene!

---

[8] Siehe Kapitel II.

Kapitel II

Die Bedeutung der menschlichen Sprache für das Entstehen der Identität

Sprache aus der Sicht des NLP

Um das Phänomen Sprache zu verstehen, geht NLP von folgenden Vorannahmen aus:

- Jeder verbale Ausdruck – und sei er noch so ausführlich – gibt nur einen kleinen Teil des wirklichen Geschehens wieder. Sprache ist ein *Modell* für das, was wir mit unseren fünf Sinnen erleben. Die Worte sind nicht das, was sie bezeichnen: Die Landkarte ist nicht das Gebiet, das sie beschreibt. Unsere fünf Sinne ermöglichen uns eine unendliche Anzahl von Erlebnissen; mit der Entwicklung von Sprache wird es möglich, aus dieser unendlichen Fülle wiederkehrende Ereignisse auszusondern und sie in Worte zu fassen. Die Aufmerksamkeit richtet sich bei diesem Prozeß automatisch auf einen ganz bestimmten Teil des Erlebens unter Auslassung von anderen Teilen.[9]

- Die meisten Informationen, die uns unsere fünf Sinne ständig vermitteln, vergehen augenblicklich und lassen keine Erinnerung zurück. Warum? Weil sie keinen „Namen" haben, weil es kein Wort für sie gibt.

- Für das Kind, das bis dahin in der unmittelbaren sinnlichen Wahrnehmung lebte, hat das Sprechenlernen tiefgreifende Folgen. Die Sprache hilft ihm, seine Umwelt zu repräsentieren, und ist gleichzeitig ein geeignetes Mittel, seiner Individualität Ausdruck zu verleihen. Bei diesem Prozeß verinnerlicht das Kind sowohl die Reichtümer als auch die Beschränkungen des kulturellen Umfeldes, in dem es aufwächst. Allerdings verliert das Kind im Verlauf des Sichaneignens dieses äußerst nützlichen Instruments den Zugang zur unmittelbaren sinnlichen Wahrnehmung.

---

[9] In gewisser Weise könnte man auch sagen, daß Worte das Erleben „einfrieren".

- Durch die in der Kindheit gelernte Entschlüsselungsfähigkeit sind wir in der Lage, den Sinn der gelesenen und gehörten Worte zu erkennen.

- Jeder verbale Austausch ist ein Austausch von Repräsentationen. Wenn zwei Menschen einander begegnen, begegnen sie einander zweifach: einmal (ohne Worte) auf der Ebene des unmittelbar-sinnlichen Erlebens, ein weiteres Mal über die Worte, die sie benutzen.[10]

---

[10] Wir sind uns dessen nicht bewußt. Wir gehen in der Regel davon aus, daß wir durch Worte sehr wohl unser eigentliches Erleben wiedergeben. Zudem irren wir uns, wenn wir glauben, daß unsere Gesprächspartner den Worten dieselbe Bedeutung beimessen, die wir ihnen mit auf den Weg gegeben haben. Durch diese beiden mentalen Fehleinschätzungen sind Konflikte mit der Umwelt vorprogrammiert.

Primäres und sekundäres Lernen

Das neugeborene Kind lebt während der ersten Monate nach der Geburt vorwiegend im nichtunterscheidenden Bewußtsein der vorsinnlichen Wahrnehmung. Nach und nach ergibt es sich dann, daß es die Aufmerksamkeit auf die Sinne richtet, um dem Wahrgenommenen einen Sinn zu geben.

Dabei wird es sich der Umwelt und deren Reaktionen bewußt. Doch die vorsinnliche Wahrnehmung, in der es lebt, unterscheidet sich nicht von den wahrgenommenen Phänomenen. Alles Wahrgenommene ist noch „reine", nichtkonzeptualisierte Wahrnehmung.

Dennoch können wir bei genauer Beobachtung feststellen, daß das Neugeborene in einem sehr frühen Stadium seiner Entwicklung schon erste Lernschritte unternimmt. Geben wir ihm ein Spielzeug, das sich dreht, wenn man auf einen Knopf drückt, so können wir beobachten, daß es sehr schnell in der Lage ist, den Ursache-Wirkungs-Mechanismus nachzuvollziehen und ihn anzuwenden. Und selbst bei einem erst einige Wochen alten Neugeborenen stellen wir fest, daß es seine Körperbewegungen und die durch sie entstehenden Wirkungen auf die Umgebung immer deutlicher wahrnimmt.

Ich nenne diese Lernvorgänge, die sich noch vor dem Erlernen von Sprache abspielen, „primäres Lernen". Das Neugeborene nimmt die Objekte seiner Aufmerksamkeit unmittelbar wahr, spielt mit ihnen und entdeckt den Funktionsmechanismus durch das, was wir Erwachsenen Lernen durch Zufall oder Lernen durch Versuch und Irrtum nennen. Wenn der Mechanismus nicht sehr kompliziert ist, lernt es, ihn anzuwenden. Dieser Art von Lernen liegt wohl eine ganz rudimentäre mentale Repräsentationsfähigkeit zugrunde.

Das Modell, das im NLP und auch von dem aus der Schweiz stammenden Autor Antoine de la Garanderie (er nennt es: „Die Pädagogik der mentalen Vorgehensweisen") entwickelt und angewandt wird, nenne ich „sekundäres Lernen". Es setzt ein, wenn die Repräsentationsfähigkeit so weit ausgebildet ist, daß der Sinn von Worten verstanden werden kann. Zu diesem Zeitpunkt wird auch die Zeit (Vergangenheit-Gegenwart-Zukunft) vorstellbar, und die

Erinnerungsfähigkeit entsteht. Ein Kind, das sprechen gelernt hat, kann sich an eine Melodie erinnern, die es schon einmal gehört hat, und es kann seine Mutter darum bitten, ihm diese vorzusingen. *Vor* dem Sprechenlernen kann ein Kleinkind solche Wünsche nicht kundtun: meines Erachtens nicht deshalb, weil es noch nicht sprechen kann, sondern weil es die Melodie nicht als „aktive" Erinnerung in sich trägt. Aber wenn die Mutter sie singt, erkennt es sie wieder.

Die im primären und auch im sekundären Lernen aus der vorsinnlichen Wahrnehmung entstehenden neurologischen Vorgänge nenne ich „Wahrnehmungsweisen". Sie ermöglichen es dem Kind, erste Unterscheidungen in seiner Wahrnehmung zu treffen, Unterscheidungen, die dann später immer komplexer werden und dazu führen, daß mentale Modelle verstanden und geschaffen werden können. Die drei Grundformen der Wahrnehmungsweisen heißen Generalisierung, Tilgung und Verzerrung[11]. Sie sind Ausgangspunkte und Grundvoraussetzungen aller unserer mentalen Repräsentationen, wirken allerdings wie Filter auf die Wahrnehmung, verzerren sie dadurch und machen die Wahrnehmung unvollständig.

---

[11] Wir Menschen schaffen unterschiedliche Arten von Modellen: sowohl materielle wie Häuser und Flugzeuge als auch geistige wie Philosophie, Psychologie, Naturwissenschaften. Die Anwendung der drei Wahrnehmungsweisen findet beim Kind ebenso wie beim Erwachsenen unbewußt statt und kann normalerweise nicht bewußt gesteuert werden. Sie sind Teil der Dynamik der Identität. Wenn man sich den Zeitablauf der im Gehirn stattfindenden Prozesse anschaut, wird man feststellen, daß sie *vor* jeglicher Repräsentation wirksam werden. Dank ihres Wirkens können wir die Regeln der Sprache erlernen, die Zeit (Vergangenheit-Gegenwart-Zukunft) repräsentieren, uns vergangener Ereignisse erinnern, neue Modelle kreieren usw. In diesem Sinne ist das „Trio" Generalisierung-Tilgung-Verzerrung der für den Aufbau der Identität, des Ich, grundlegende Wahrnehmungsfilter. Erst wenn das Ich vollständig aufgebaut ist, können wir uns der in Vergessenheit geratenen vorsinnlichen Wahrnehmung wieder bewußt werden, aus der dieser Filter entstanden ist. Sich an die vorsinnliche Wahrnehmung wieder zu erinnern wird wie eine Befreiung erlebt; dieser befreiende Akt transformiert den „Modellmenschen" in einen freien Menschen, dem weiterhin all das zur Verfügung steht, was er bis dahin gelernt hat.

Generalisierung – Tilgung – Verzerrung*

„Allen vom menschlichen Geist geschaffenen Modellen liegen drei mentale Prozesse zugrunde: Generalisierung, Tilgung und Verzerrung; diese drei werden von jedem denkenden und sprechenden Menschen angewendet. Mit ihrer Hilfe bilden sich alle Repräsentationen unseres Erlebens."[12]

Das Verstehen dieser drei Wahrnehmungsweisen ist eine Grundvoraussetzung, wenn man die Funktionsweise des menschlichen Geistes beschreiben möchte. Sie bilden den Ursprung aller von Menschen geschaffenen Modelle. Das Modell Sprache eignet sich besonders gut, um dies zu verdeutlichen. Betrachten wir diese mentalen Vorgehensweisen jetzt einmal aus der Nähe.

Generalisierung

Wenn wir generalisieren, so ordnen wir etwas Wahrgenommenes, Erlebtes, Gedachtes ... in eine Kategorie ein. Sobald ich zum Beispiel gelernt habe, auf *meinem* Fahrrad zu fahren, bin ich auch in der Lage, andere Fahrräder zu besteigen. Dank unserer Fähigkeit zu generalisieren können wir anderen, ähnlichen Situationen ohne Schwierigkeit begegnen. Ein kleines Kind beherrscht die Generalisierung schon lange vor dem Spracherwerb: Es weiß, wozu ein Schnuller dient, selbst wenn es mal nicht derselbe ist wie der, den es normalerweise in den Mund steckt.

Tilgung

Wir „tilgen" einen Teil unserer Wahrnehmung, wenn wir uns auf etwas Bestimmtes konzentrieren: Wenn eine Mutter ihr Kind in einem Nebenraum weinen hört, obwohl sie selbst mitten in einer

---

[12] R. Bandler/J. Grinder, 1975, Seite 44. Übersetzung: W. B.

lärmenden Gesellschaft sitzt, so gelingt ihr dies aufgrund ihrer Fähigkeit, den Lärm zu „tilgen".

Immer, wenn wir unsere Aufmerksamkeit fokussieren, nehmen wir andere Bereiche kaum noch oder gar nicht mehr wahr, wir tilgen sie. Auch diese mentale Vorgehensweise finden wir schon beim Kleinkind, das noch nicht spricht.

Verzerrung

Sie ermöglicht es uns, von der gegebenen Realität zu abstrahieren, sie in Frage zu stellen und sie somit zu „verzerren". Dadurch sind wir zum Beispiel imstande, unsere Zukunft zu planen und kreativ zu sein.[13]

Wie die beiden anderen Vorgehensweisen, so ist auch die Verzerrung eine der Grundvoraussetzungen zum Erlernen von Sprache. Dies wird ganz klar, wenn man sich überlegt, welch enorme mentale „Verzerrung" vonnöten ist, um ein Phänomen wie zum Beispiel eine Rose, die ja unendlich viele Facetten und Eigenschaften besitzt, in *ein* Wort zu komprimieren, das dann „Rose" heißt.

* * *

---

[13] Ohne daß wir uns dessen bewußt wären, leben wir in einer ständigen Verzerrung, indem wir „so tun als ob". Alle Zukunftsplanung basiert auf der gesunden Vorannahme, daß wir „dann" noch am Leben sein werden. Wir sind uns nicht im klaren, daß wir den ganzen Tag über mit blindem Vertrauen durch die Welt laufen. Korzybski [1937, Seite 17] brachte es einmal auf den Punkt, als er sich an seine Zuhörer im Saal wandte: „Nehmen wir einmal an, daß Sie sich hier, abgesehen von den unbequemen Stühlen, wohl fühlen. Wissen Sie, daß Ihr Wohlbefinden auch eine tragische Seite hat? Daß sich Ihr Wohlbefinden auf blindes Vertrauen gründet, auf Ihnen gar nicht bewußte Vorannahmen? Blindes Vertrauen in den Architekten dieses Hauses, blindes Vertrauen in den Fußboden und darin, daß Sie nicht im nächsten Moment einbrechen? Sind Sie sich dieses blinden Vertrauens bewußt? In den Naturwissenschaften würden wir dies eine Mutmaßung nennen. Sind Sie sich darüber im klaren, in welchem Ausmaß Sie Ihr ganzes Leben auf blindes Vertrauen gründen? Blindes Vertrauen ist das zentrale Element in allem, was wir Wissenschaft nennen." [Übersetzung: W. B.]

Wir sind also nur deswegen imstande, den Sinn der gehörten und gesprochenen Worte zu verstehen, weil wir die drei dafür notwendigen mentalen Vorgehensweisen in Gang setzen. Sie sind der Ursprung aller mentalen Konstrukte, aus denen dann wiederum materielle Konstrukte entstehen können.

Generalisierungen, Tilgungen und Verzerrungen finden sich in allem Gesprochenen und Gedruckten wieder. Das von Bandler und Grinder entwickelte sogenannte „Meta-Modell der Sprache", ein wesentlicher Teil jeder NLP-Ausbildung, ermöglicht es uns, sie aufzuspüren.

Das Meta-Modell der Sprache

Worte sind nicht das, was sie bezeichnen. Sie sind Repräsentationen für das, was sie bedeuten. Die Sprache befindet sich also in einer Metaposition bezüglich dessen, was sie beschreibt. Das Meta-Modell* befindet sich seinerseits in einer Metaposition bezüglich der Sprache. Es ist also das Modell eines Modells, ein Modell zum Verständnis von Sprache.

Wenn wir sprechen, so sprechen wir mittels Repräsentationen, die wir uns von dem machen, über das wir sprechen. Die Wortrepräsentationen folgen präzisen linguistischen Regeln; das Meta-Modell dient dazu, diese Regeln zu veranschaulichen und zu verstehen. Es zeigt uns, daß unsere Sprache einen hohen Grad von Strukturierung aufweist, derer wir uns normalerweise nicht bewußt sind. Man unterscheidet:

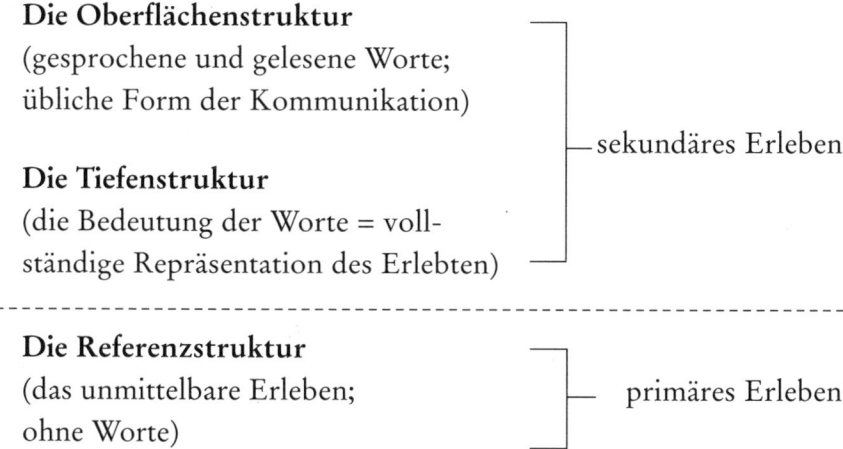

Die Oberflächenstruktur
(gesprochene und gelesene Worte; übliche Form der Kommunikation)

Die Tiefenstruktur
(die Bedeutung der Worte = vollständige Repräsentation des Erlebten)

— sekundäres Erleben

Die Referenzstruktur
(das unmittelbare Erleben; ohne Worte)

— primäres Erleben

Schauen wir uns ein Beispiel an, das dieses Schaubild erläutert:

Paul ist von Spielkameraden geärgert worden. Er weint, als er nach Hause kommt. Seine Mutter fragt ihn, was denn los gewesen sei. Paul könnte folgendermaßen antworten:

„Ich fühle mich schlecht, weil man mich immer ärgert."

Paul bedient sich der Oberflächenstruktur.

Er könnte aber (rein theoretisch – natürlich spricht so kein Kind) auch antworten:

„Vor zehn Minuten habe ich mit Fritz auf dem Schulhof Ball gespielt. Dann lag da ein Stein mitten im Weg, und ich bin darüber gestolpert, was zur Folge hatte, daß der mir bestimmte Ball an den Kopf eines hinter mir zuschauenden Mädchens flog. Fritz hat gerufen: ‚Paul ist dumm, Paul ist dumm!‘ Da habe ich angefangen zu weinen und bin wütend geworden; gleichzeitig ist ein flaues Gefühl im Bauch entstanden.“

Indem Paul viele Details ausführt, spricht er Tiefenstruktur.

Betrachten wir jetzt Pauls erste Antwort näher:

„Ich fühle mich schlecht, weil man mich immer ärgert.“

Wir finden hier mehrere „semantisch unrichtige“[14] Formulierungen:

„Ich *fühle* mich *schlecht*“:

Dieser Teil weist uns auf die mentale Vorgehensweise der Tilgung hin. Er konzentriert sich auf sein schlechtes Gefühl, aber er sagt uns nichts über das, was sonst noch alles in ihm passiert.

„... weil man mich *immer* ärgert“:

Diese Formulierung weist uns auf die mentale Vorgehensweise der Generalisierung hin. Paul verallgemeinert das, was gerade auf dem Schulhof passiert ist, und stellt offensichtlich in sich eine Verbindung mit vorherigen, ähnlichen Ereignissen her.

„Ich fühle mich schlecht, *weil* man mich immer ärgert“:

---

[14] Das Meta-Modell nennt „semantisch unrichtige“ Formulierungen alle Äußerungen, die auf die *Oberflächen*struktur hinweisen; „unrichtig“ hier nicht im Sinne eines Werturteils, sondern weil sie kaum noch Rückschlüsse auf das eigentliche Erleben zulassen.

Der Gebrauch des Wortes „weil" gibt uns Auskunft darüber, daß Paul einen strukturellen Ursache-Wirkungs-Zusammenhang sieht: Der Ärger ist die Ursache, das Schlechtfühlen die Wirkung. Die Ursache-Wirkungs-Mechanismen gehören in die Kategorie der Verzerrungen.

* * *

Das unmittelbare Erleben findet auf der Ebene der Referenzstruktur statt, die dem Unnennbaren und der vorsinnlichen Wahrnehmung entspricht. Hier spielen sich die Ereignisse im Leben desjenigen Menschen ab, der sich von den Fesseln seines Ur-Credos befreit hat: Er nimmt seine innere und die ihn umgebende Welt in der Wahrnehmungsweise eines gerade Geborenen wahr.

Nach den im Meta-Modell vorgegebenen Definitionen strukturieren wir das, was wir in Worte fassen, indem wir generalisieren, tilgen und verzerren. Die Tiefenstruktur ist dadurch gekennzeichnet, daß sie keine „semantisch unrichtigen" Formulierungen enthält. Wir können daher sagen, daß sie die bestmögliche verbale Ausdrucksform des auf der Ebene der Referenzstruktur ablaufenden Geschehens ist. Anders gesagt: Hier ist die „Karte" von einer weit größeren Genauigkeit als auf dem Niveau der Oberflächenstruktur.

Wir haben uns daran gewöhnt, in der Umgangssprache Ausdrücke der Oberflächenstruktur zu benutzen; diese Vereinfachung ist natürlich notwendig, aber viele Informationen, die das eigentliche Erleben angehen, bleiben dadurch im Dunkeln. Das Meta-Modell bietet den NLP-Anwendern deshalb einen ausführlichen Fragenkatalog an, der es ermöglicht, Informationen über die Tiefenstruktur zu erhalten. Dies hat zur Folge, daß sich die Qualität der Kommunikation mit anderen erheblich steigert – eines der Hauptlernziele im NLP.

Dennoch müssen wir feststellen: Selbst wenn wir sämtliche nur möglichen verbalen Informationen aus unserem Gegenüber herausholen (indem wir ihn oder sie dazu bringen, uns Informationen über die Tiefenstruktur zu vermitteln), können wir nie in sein oder ihr intimes, wirkliches Erleben eindringen.

Da das unmittelbare Erleben auf der Referenzstrukturebene von einer unendlichen Komplexität und undefinierbar ist, können wir davon ausgehen, daß jede verbale Äußerung eine Einengung bedeutet, die das eigentliche Erleben erheblich komprimiert und verflacht.

* * *

„Begriffe sind nicht das, worüber wir sprechen", schreibt Korzybski [1933, Seite 60. Übersetzung: W. B.]. Wenn wir den Mund öffnen – worüber sprechen wir dann eigentlich?

Sprache und Identität

Stellen wir uns einmal vor, daß wir uns in Chartres befinden und ein Verkehrsschild sehen, auf dem „Paris" steht. Wir wissen sofort, daß dies ein aus fünf Buchstaben bestehendes Symbol ist, das vom Straßenverkehrsamt dort aufgestellt worden ist, um den Verkehrsteilnehmern die Orientierung zu erleichtern. Wir wissen, daß das Schild nicht die Stadt ist, auf die es hinweist.

Aber wenn wir sprechen oder jemandem zuhören oder in einem Buch lesen, *vergessen* wir gewöhnlich, daß die benutzten Begriffe nur Symbole sind und daß sie keinesfalls das Erleben *sind*, das sie beschreiben. Wie kommt es, daß wir automatisch daran glauben, daß die Begriffe das Erleben seien? Das Hinweisschild „Paris" mit der Stadt Paris gleichzusetzen, dies würden wir als pathologisches Verhalten ansehen.

Machen wir eine kleine Übung:

Erster Teil:

1. Stellen Sie sich vor, daß es plötzlich keine Begriffe und Worte mehr gäbe. (Eine Minute lang)

2. Stellen Sie sich jetzt vor, daß sich Ihr Leben genauso abgespielt hätte, wie es auch in Wirklichkeit abgelaufen ist, nur mit dem Unterschied, daß es keinerlei verbale Kommunikation gegeben hätte. (Eine Minute lang)

3. Und bleiben Sie von jetzt an in der Welt des Unnennbaren, gänzlich losgelöst von Worten und Begriffen. (Eine Minute lang)

Zweiter Teil:

Stellen Sie sich vor, daß Sie bis an Ihr Lebensende von Worten und Begriffen abgetrennt sind und daß Sie ab jetzt Begriffe nur noch als nützliche Hilfsmittel zweckgerichtet einsetzen werden. Sie wissen, daß sie dazu dienen, Repräsentationen auszutauschen, daß Begriffe

Symbole sind und nicht dazu geschaffen, das eigentliche Erleben zu vermitteln. Hören Sie auf zu glauben, daß die Begriffe das *seien*, was Sie erleben. (Eine Minute lang)

Wenn Sie diese Übung gemacht haben, müßten Sie verstehen,

- daß Sie Ihre Erfahrungen nicht durch Begriffe mitteilen können.
- daß Sprache eine Repräsentation, ein Modell für Ihre gelebten Erfahrungen ist.
- daß die Landkarte (die Begriffe und Worte) nicht das Gebiet (das eigentliche Erleben) ist, das sie beschreibt.

Nur, nach dem nächsten Gespräch werden Sie feststellen, daß Sie doch wieder geglaubt haben, ihre Begriffe sowie die Ihrer Gesprächspartnerin seien das wirkliche Erleben. Wie kommt das? Was macht es so schwierig, ein für allemal zu erkennen, daß Begriffe nichts als Hinweisschilder sind?

Das Gleichsetzen von Begriff und Wirklichkeit stellt sich bereits in der frühen Kindheit ein und hängt unmittelbar mit dem Bedeutungserkennungsprozeß zusammen, der es dem Kind ermöglicht zu wissen, daß ein Begriff einen bestimmten Gegenstand oder eine bestimmte Person bezeichnet. Gleichzeitig und gerade durch diesen sich über Jahre hinziehenden Gleichsetzungsprozeß (= Begriffe mit dem gleichsetzen, was sie symbolisieren) entsteht das Ich. So wie der Baum zum Begriff Baum und dadurch als Baum definierbar wird, so wird das Nicht-Ich zum Ich und kann sich als Ich definieren. Dieser wichtige Entwicklungsschritt hat dann zur Folge, daß das Kind nach und nach eine Identität (im Sinne von: identisch in allen Lebensumständen) aufbauen kann. Dies hat wiederum zur Folge, daß es sich als unterschieden erkennt vom Baum und von allem, was es umgibt.

Im weiteren Verlauf seiner Entwicklung dringt es immer mehr in die Komplexität der Sprache ein und glaubt immer fester daran, daß die Begriffe das *seien*, was sie bezeichnen. Gleichzeitig entwickelt und stärkt sich seine Identität. Dieser Entwicklungsprozeß wird dem Kind insofern recht leicht gemacht, als die Erwachsenen in seiner Umgebung selbst glauben, daß die Begriffe das *seien*, was sie repräsentieren.

Das Entstehen einer trennenden Identität und das Erlernen von Sprache sind untrennbar miteinander verbunden und unabdingbare Vorbedingungen, damit das Kind erwachsen werden kann.

Erst wenn das Ich zur Reife gelangt ist, wird es ihm möglich sein, sich über die trennende Identität hinauszuentwickeln, sich auf Dauer vom Haften an den Begriffen und Worten zu lösen und die vorsinnliche Wahrnehmung wieder zu erleben.

Kapitel III

Das Ur-Credo
als Kernstück der Identität

Die Bedeutung von Glaubenssystemen und Überzeugungen

Wenn wir von der Vorannahme ausgehen, daß der Mensch nicht bereits mit Überzeugungen auf die Welt kommt, sondern daß sie sich im Laufe des Lebens herausbilden, wird klar, daß sie der funktionellen Ebene zuzuordnen sind, wie alles Gelernte und alles Erworbene. Was ist eine Überzeugung?

Eine Überzeugung ist eine Generalisierung, die wir nach einem oder nach mehreren bedeutungsvollen Erlebnissen in uns bilden. Sie kann auf der einen Seite bislang ungenutzte Ressourcen mobilisieren, auf der anderen Seite aber zu einem Hemmschuh werden. Wenn wir von etwas überzeugt sind, ist dies für uns fast wie eine Evidenz, ein Faktum im Sinne von: „So ist es – wie könnte es auch anders sein?" Und dies im positiven wie im negativen Sinne.

Eine der Hauptschwierigkeiten, denen wir begegnen, wenn wir mit jemandem an seinen Glaubenssystemen arbeiten, ist die, daß die meisten wichtigen Überzeugungen auf der unbewußten Ebene wirken; die Person weiß oft gar nicht, daß sie von einer Überzeugung sozusagen ferngesteuert wird. Oft ist es sogar so, daß jemand auf der bewußten Ebene genau vom Gegenteil dessen überzeugt ist, was sein Unbewußtes glaubt; sein Verhalten wird jedoch von letzterem bestimmt. Die meisten unserer Überzeugungen sind uns nicht bewußt. Um sie ins Bewußtsein zu rufen, können wir entsprechende Übungen aus dem NLP einsetzen. Damit können wir „ungesunde" Überzeugungen durch andere, positivere ersetzen, die zu einem erfüllteren Leben beitragen.

Ich möchte Ihnen vorschlagen, ein paar Minuten lang an Überzeugungen zu denken, die Sie in Ihrer Kindheit und im Jugendalter gehabt haben.

Wer hat als Kind nicht an den Nikolaus geglaubt? Es ist ganz normal und unabdingbar für ein Kind, sich Glaubenssysteme zu schaffen, die sein Selbstbewußtsein entwickeln. Im Jugendalter beschleunigt sich dieser Prozeß: Heranwachsende fangen an, sich eigene Meinungen zu bilden und sie gegenüber Eltern und Erziehern zu verteidigen. Daraus erwachsen feste Lebens- und Beurteilungsgrundsätze in bezug auf andere, sich selbst und die Umstände, denen man begegnet.[15]

In der Gesellschaft begegnen wir einer Vielzahl von Glaubenssystemen, Überzeugungen, Meinungen und Beurteilungen. Und jeder versucht, die seinen zu verteidigen, manchmal bis aufs Messer. Schlimm wird es („… und davon bin ich fest überzeugt …"), wenn Überzeugungen zu „absoluten Wahrheiten" stilisiert werden oder zu Dogmen versteinern. Sie können dann zu einer derart starren Geisteshaltung führen, daß es fast unmöglich wird, sie in Frage zu stellen. NLP-Trainer Robert Dilts hat langjährige und weitreichende Forschungen über die Einflüsse von Glaubenssystemen im menschlichen Leben betrieben. Das nachfolgende ausführliche Zitat gibt die für das Verständnis der späteren Kapitel wesentlichen Erkenntnisse seiner Arbeiten wieder [aus: *Die Veränderung von Glaubenssystemen*, 1993, Seite 23]:

> „Eine der interessanten Eigenschaften von Glaubenssätzen ist, daß sie sich nicht nach den gleichen Regeln verändern wie Verhaltensweisen oder Fähigkeiten, da sie sich auf einer anderen Ebene als jene befinden.
>
> Ein klassisches Beispiel dafür ist der Mensch, der glaubt, er sei eine Leiche. Er ißt nicht und geht nicht zur Arbeit. Er sitzt einfach die ganze Zeit über da und behauptet, er sei eine Leiche.
>
> Der Psychiater versucht, den Mann davon zu überzeugen, daß er nicht wirklich tot ist. Sie streiten lange über diese

---

[15] Wenn wir uns und andere beim Reden beobachten, können wir uns einer konfliktträchtigen und folgenschweren Eigenart zwischenmenschlicher Kommunikation bewußt werden: der Verwechslung zweier ganz unterschiedlicher logischer Ebenen. Gemeint sind hier: 1. die Beschreibung einer Situation und 2. die Meinung zu oder die Beurteilung einer Situation.
Die Situation, die ich beschreibe, hat nichts gemein mit der Meinung, die ich mir über sie bilde. Das „objektive Leben" spielt sich auf der existentiellen Ebene ab. Eine Situation kann uns gefallen oder auch nicht – wir müssen nur im Auge behalten, daß wir in dem Moment, da wir uns eine Beurteilung erlauben, auf der funktionellen Ebene operieren.

Frage. Schließlich sagt der Psychiater: ‚Können Leichen bluten?‘

Der Mann denkt einen Augenblick lang nach und sagt dann: ‚Nein. Weil alle Körperfunktionen zum Stillstand gekommen sind, kann eine Leiche nicht bluten.‘

Daraufhin sagt der Psychiater: ‚Also gut, dann wollen wir jetzt einmal ein Experiment machen. Ich werde eine Nadel nehmen, Ihnen damit in den Finger stechen und schauen, ob er blutet.‘

Da der Patient ja eine Leiche ist, kann er nicht viel dagegen einwenden. Der Psychiater sticht ihm also eine Nadel in den Finger, und der Finger des Mannes fängt an zu bluten. Der Patient schaut sich die Sache völlig verblüfft an und ruft aus: ‚Verdammt! Leichen bluten tatsächlich!‘

Der Punkt, um den es hier geht, ist: Wenn man eine Überzeugung hat, vermögen selbst Beweise, die sich auf die Umgebung und auf die Ebene des Verhaltens beziehen, sie nicht zu verändern, weil es bei einer Überzeugung nicht um die Realität geht. Glaubenssätze beziehen sich auf Dinge, die niemand wissen kann. Wenn jemand an einer unheilbaren Krankheit leidet, weiß er nicht, ob er wieder gesund werden wird. Es gibt keine gegenwärtige Realität hinsichtlich der Frage, ob er gesund werden wird oder nicht. Er muß *glauben*, daß er gesund werden wird, eben weil niemand weiß, wie die Realität tatsächlich aussehen wird.

Ein anderes Beispiel ist die Idee der Existenz Gottes. Man kann die Existenz Gottes weder eindeutig beweisen noch sie eindeutig widerlegen. Das Ganze ist eine Frage des Glaubens oder der Interpretation bestimmter Tatsachen. Und genauso, wie wir es im obigen Beispiel des Patienten und seines Psychiaters gesehen haben, kann man Tatsachen auf unterschiedliche Weise an Glaubenssysteme anpassen.

Zwar hat die Geschichte über den Patienten, der glaubte, er sei eine Leiche, humoristischen Charakter, doch kenne ich

Menschen, die tatsächlich sehr ähnliches erlebt haben. Denken wir beispielsweise an Menschen, die an einer unheilbaren Krankheit leiden: an AIDS oder Krebs. Manche von ihnen werden tatsächlich sagen, sie seien tot, sie seien Leichen. Was macht es da schon aus, was sie tun? Sie werden ohnehin sterben. Warum sollten sie sich noch um irgend etwas kümmern? Sie werden selbst jede positive Entwicklung ihres Zustandes abtun, indem sie sagen, es handle sich ‚nur‘ um eine vorübergehende Besserung und es gehe ihnen nicht ‚wirklich‘ gut. Weil sie sich nichts vormachen wollen, akzeptieren sie nur die ‚Tatsache‘, daß sie sterben werden. Wenn man versucht, mit solchen Menschen zu diskutieren, wird es einem dabei nicht viel besser ergehen als dem Psychiater in der obigen Geschichte.

Es mag eine Menge Hinweise geben, die zeigen, daß eine positive Einstellung und positive Glaubenssätze bei schweren Krankheiten die Genesung fördern können. Aber wie soll man Leute, die glauben, sie seien Leichen, dazu bringen zu glauben, daß sie lebendig und gesund sein können? Ich kann Ihnen versichern, daß Ihnen das nicht gelingen wird, indem Sie mit ihnen diskutieren. Höchstwahrscheinlich haben viele unter Ihnen schon einmal versucht, die Glaubenssätze eines Menschen durch Diskutieren zu verändern. Wer das schon einmal versucht hat, weiß, daß man eine Menge Zeit damit vertun kann."

Die Bedeutung der Identität im Leben des Menschen

Wenn ich sage: „Ich bin, ich existiere" – *was* läßt mich das sagen? Nehmen wir an, ich habe keine schwerwiegenden psychischen Probleme, dann antworte ich: „Das ist doch ganz klar: Ich sehe, was ich sehe, ich höre, was ich höre, und ich fühle meinen Körper, wenn ich mich zwicke." Und ich könnte noch spezifischer antworten: „Ich existiere und stehe vor dem Kölner Dom, betrachte die Passanten, denke an meine Eltern, fühle mich wohl dabei etc."

Ich existiere, das liegt auf der Hand; und über diese Evidenz hinaus definiere ich mich anhand der Umstände, in denen ich mich befinde, oder anhand der inneren Zustände, die ich empfinde. Auf dieser Ebene lebe ich in der Gewißheit, und nicht mit einer Überzeugung. Ich habe es nicht nötig, mich zu behaupten, wenn ich beschreibe, woher ich weiß, daß es mich gibt. Ich stelle einfach nackte Tatsachen fest und brauche dazu nicht meine Lebensgrundsätze, meine Meinungen oder Überzeugungen heranzuziehen.[16]

Woher kommt es dann, daß Glaubenssysteme und Überzeugungen eine derart große Rolle spielen?

Die meisten Überzeugungen dienen dazu, den Sinn, den wir unserem Leben geben, aufrechtzuerhalten und zu bestärken. Damit das funktioniert, ist es nicht nötig, unsere Überzeugungen in Worte zu fassen oder ihrer bewußt zu sein. Sie wirken bewußt oder unbewußt, und je nachdem, wie eine Überzeugung aussieht, führt sie uns zu Erfolg oder zu Mißerfolg. Überzeugungen halten das am Leben, was wir zu sein glauben.

Ich stelle mich wieder vor den Kölner Dom, sehe mir die Passanten an und fühle mich wohl. Anscheinend ohne Grund kommt in mir ein leichtes Unbehagen auf. Ich habe Lust, etwas zu unternehmen. Bisher war ich einfach nur da. Und es ging mir sogar bestens.

---

[16] Wenn wir ehrlich mit uns sind, müssen wir zugeben, daß es nicht einfach ist, eine Situation des täglichen Lebens *ganz ohne* Vorurteile, versteckte Meinungen oder Beurteilungen zu beschreiben.

Jetzt will ich plötzlich etwas tun, etwas verändern. Das könnte meinen inneren Zustand betreffen oder die Art und Weise, wie ich gerade denke, und warum auch nicht? Bin ich nicht ein freier Mensch? Auf geht's! Ich weiß ja, daß ich auf mein inneres Leben Einfluß nehmen kann; und auch mein äußeres Leben kann ich modifizieren; ich kann zum Beispiel losgehen, um mir ein Eis zu kaufen.

Aber um handeln zu können, muß ich die Dimension des „reinen Seins" verlassen. Was muß ich dazu „tun"?

Zum Glück weiß ich, *daß* ich „tun" kann, denn ich glaube an meine Intelligenz, an meine Fähigkeit, mein Leben zu bestimmen und Entscheidungen zu treffen. Das habe ich doch schon seit langem mit Erfolg geübt, oder nicht?

Erst dadurch, daß ich daran *glaube*, daß ich handeln kann, bin ich handlungsfähig geworden und habe nach und nach gelernt, Einfluß auf mich selbst und auf meine Umwelt auszuüben. Das Wissen darum ist in mir seit meiner frühen Kindheit. Da habe ich eines Tages begriffen, daß ich die Seinsdimension des „das Ja beinhaltenden Neins" verlassen muß, damit ich meine Energien ganz auf meine Handlungsfähigkeiten konzentrieren kann. Nur dadurch konnte ich in die allesamt auf dem Grundmuster „Ja-Nein" beruhenden mentalen Prozesse eindringen und sie mir aneignen. Durch diesen Richtungswechsel meiner Aufmerksamkeit konnte ich meine Identität entwickeln, die es mir jetzt erlaubt, mich durch das zu definieren, was ich tue.

Auf der logischen Ebene des „Seins", der vorsinnlichen Wahrnehmung, brauche ich an nichts zu glauben. Ich bin in der Evidenz des universellen, alles in sich vereinenden, das Nein einschließenden Ja – ich bin identitätslos. Auf der logischen Ebene des Tuns muß ich an etwas glauben, nämlich an mich selbst und an meine Fähigkeiten. Und ich muß eine Identität haben, die es mir ermöglicht, das Ja vom Nein zu unterscheiden.

Eines Tages habe ich erklärt: „Ich bin, ich existiere, weil ich dies und das tun kann."

Mein Ich existiert, ...

weil ich sprechen kann,

weil ich meinen Lebensunterhalt bestreiten kann,

weil ich mir Freude machen kann,

weil ich im Leben zurechtkomme usw.

Meine Identität und der Sinn meines Lebens wären hinfällig, wenn ein Unfall oder eine Krankheit mich außerstande setzte, diese Handlungen auszuführen.

* * *

Wir definieren also unsere Identität durch unser Tun, durch das, was wir in unserem täglichen Leben machen, sowie durch unsere angesammelten Erfahrungen.

Wenden wir uns nun dem Kernstück unserer Identität zu: dem Ur-Credo.

Der „Wer-bin-ich?"-Blues

Unser Kulturkreis verfügt über mannigfaltige Möglichkeiten, verschiedenste Arten von Leiden zu lindern. Und für uns alle ist es zu einem Reflex geworden, Leiden aus dem Weg zu gehen und – wenn es uns doch einmal trifft – nach möglichst schneller Heilung zu suchen.

Dies ist bei den meisten körperlichen Leiden auch sinnvoll und erfolgversprechend, doch bei psychischem Leiden sieht die Sache ganz anders aus: Scheinbar sind die Umstände oder die anderen für unser Leiden verantwortlich. Unser allererster Reflex, nach dem Schuldigen zu suchen und ihn anzuklagen, führt fast unweigerlich zu weiteren Konflikten, zu weiterem Leiden. Eine ausweglose Lage?

Nein, denn wir sind im Besitz einer Wunderwaffe: Das ist die Ehrlichkeit uns selbst gegenüber. Sie könnte uns die Eingebung bringen: „... und wenn das alles nicht stimmen sollte, was ich ganz automatisch denke ...?"

- Der andere ist schuld.

- Die Umstände sind halt ungünstig.

- Das hängt sicher mit meinem Karma zusammen.

- Eines Tages werde ich mich rächen.

- Ich glaube, es ist an der Zeit, krank zu werden.

- Diese Prüfungen brauche ich für meine spirituelle Entwicklung.

- Das macht mir Angst.

- Ich werde mich jetzt schlafen legen.

- Es muß doch irgendwo ein Konzept geben, das dies alles erklären kann.

- Nur nicht die Hoffnung aufgeben.

- Irgendwann werde ich einen Meister finden, der mich von allem erlöst.

- Ist da nicht ein toller Film heute abend im Fernsehen?
- ...

Und wenn all dies nichts bringt, bleibt uns immer noch die Möglichkeit, uns in unseren bittersüßen Schuldgefühlen zu suhlen ...

Angenommen, all dies ist nur vorgeschoben, meisterhaft gestrickte Ver(w)irrung, auf was stoße ich dann in mir? Ich wende also nochmals die Wunderwaffe der kompromißlosen Ehrlichkeit mir selbst gegenüber an. Was enthüllt sich mir?

- Ich bin nichts wert.
- Ich bin eine totale Null.
- Ich werde nicht geliebt.
- Ich verdiene es nicht zu leben.
- Ich bin ein Opfer von ...
- Ich bin machtlos.
- Das gilt vielleicht für die anderen, aber sicher nicht für mich.
- Ich bin dumm.

... Und diese Gedanken werden begleitet von einem ausweglosen, grausamen, unlebbaren inneren Leiden, ... die Worte, die es beschreiben könnten, gibt es nicht, ... ich bin vollständig in Verzweiflung und Hilflosigkeit aufgegangen. Ich bin bis auf den Grund meiner selbst gesunken, ... ich bin in Kontakt mit mir, mit dem Leiden all meiner Leiden, mit meinem Ur-Credo.

Ich weiß, daß ich eine bewußte Entscheidung treffen muß, damit ich bis ans Ende dieses Prozesses durchhalte, bis ich an den Punkt gelange, an dem ich eine schon lange eingegangene Verpflichtung erneuern muß: die ganze Verantwortung für mein Leben, für meine vergängliche persönliche Existenz zu übernehmen.

Sobald ich diesen Prozeß durchlaufen habe, verstehe ich, warum ich schon immer Unannehmlichkeiten aus dem Weg gehen wollte: um zu vermeiden, daß ich mich dort wiederfinde, wo es „mich" nicht mehr gibt – in meinem grenzenlosen Alleinsein.

Ich treffe also die bewußte Entscheidung durchzuhalten, mich in diese Hölle zu stürzen, nehme das Risiko auf mich, mich über alle meine Grenzen hinaus fallenzulassen, ... intuitiv spüre ich, ... daß ich am Ende ... der Existenz als solcher begegnen werde, einem Leben ohne dieses unterschwellige Leiden, das mich von ihm getrennt hatte.

Ich brauche mich nicht mehr um mein Glück zu bemühen, und ich brauche auch keine Techniken mehr zu lernen, um nicht mehr zu leiden. Ich bin von meiner existentiellen Wunde ein für allemal geheilt.

Das Ur-Credo

Im Rahmen des NLP verfolgt die Beschäftigung mit und die Arbeit an unseren Glaubenssystemen mehrere Ziele: Sie hilft dabei, sich selbst besser kennenzulernen, psychotherapeutische Arbeit effizienter zu gestalten und das Leben angenehmer zu machen. Meines Wissens bietet NLP bislang noch nicht die Möglichkeit an, die Grundüberzeugung in Frage zu stellen, aus der alle anderen Überzeugungen und Glaubenssysteme entstehen und welche ich *Ur-Credo*[17] nenne.

Sie ist das Geflecht all der Strukturen, aus denen unsere sogenannte Identität gewebt ist. Der Aufbau einer Identität ist unabdingbar, damit das Kind erwachsen werden und die Gesetze der Gesellschaft erlernen kann. Aber während sich unsere Identität formt, entfremden wir uns von unserem tiefinneren Sein, von unserer eigentlichen Natur: der vorsinnlichen Wahrnehmung.

* * *

Wer an einer NLP-Ausbildung teilnimmt, kann mit Hilfe der dabei angebotenen Methoden seine Identität so weit ausreifen lassen, daß es ihm überhaupt möglich wird, sich aus der Verhaftung an sein Ich zu lösen. Und NLP trägt sogar wesentliche Elemente in sich, um diesen Ablösungsprozeß in Gang zu bringen.

Wenn die Identität zur Reife kommt, wird sie zu einem Hindernis für weitere Entwicklung. Es gibt keine eindeutigen Kriterien dafür, ob die Identität eines Menschen zur vollen Reife gekommen ist; nur einige Hinweise lassen sich geben:

- Er hat verstanden, daß er für das, was er aus seinem bisherigen Leben gemacht hat, geradestehen muß und daß er nicht auf Kosten anderer leben kann. Das bedeutet auch, daß er sich von unnötigen Schuldgefühlen befreit hat.

---

[17] „Credo" kommt aus dem Lateinischen und bedeutet: „Ich glaube."

- Er kann Tatsachen von Meinungen unterscheiden.
- Er ist in der Lage, sich selbst gegenüber ehrlich[18] zu sein und auch schwer einzugestehende Dinge vor sich selbst zuzugeben.
- Er verfügt über mentale und emotionale Flexibilität: Er ist in der Lage, den Standpunkt des anderen in eigene Überlegungen mit einzubeziehen, auch wenn dieser seinem eigenen diametral entgegengesetzt ist.
- Er kann sich selbst in Frage stellen, insbesondere seine Überzeugungen und Wertvorstellungen.
- Er hat weitgehend Abstand von den kulturellen und elterlichen Werten erlangt, die er in Kindheit und Jugendzeit vermittelt bekam.
- Er hat keine schwerwiegenden psychischen Probleme (mehr).
- Er ist ansatzweise imstande, negative Emotionen *nicht* zu Worten oder Handlungen werden zu lassen – ohne sie zu verdrängen.
- Er kann sich während oder nach einer Konfliktsituation dissoziieren, das heißt innerlich Abstand von unangenehmen inneren Zuständen gewinnen und sich mental in die Position eines neutralen Beobachters begeben.

* * *

Dank des Ur-Credos entwickeln wir eine Identität, lernen wir das Sprechen, bekommen wir Zugang zur Welt der Modelle und Repräsentationen, können wir lernen und das Gelernte behalten und anwenden.

Sobald all diese Prozesse gut funktionieren, wird das Ur-Credo zum Hemmschuh für die weitere Entwicklung. An ihm zu rütteln

---

18 „Ehrlich" heißt im Lateinischen „sincerus", das auch „rein, ohne Beimischung, integer" bedeutet. Die indogermanische Wurzel ist „cerus", das die Idee von Samen und Wachstum in sich trägt. Die römische Göttin des Ackerbaus heißt Ceres.

bedeutet allerdings, die Grundfesten der Identität in Frage zu stellen und damit den Sinn, den wir seit der frühen Kindheit unserer subjektiven Existenz gegeben haben. Doch nur ein solches Vorgehen eröffnet uns die Möglichkeit, die vorsinnliche Wahrnehmung wiederzuentdecken.

Hier kann nun die Frage nach der Notwendigkeit dieses ganzen (Irr-) Weges auftauchen: in der existentiellen Dimension geboren werden; sie vergessen, um eine trennende Identität aufzubauen; und dann eines Tages aufbrechen, um sie wiederzuentdecken ... Douglas Harding gibt eine (meines Erachtens gelungene) Antwort auf diese Frage. Deshalb möchte ich ihn an dieser Stelle ausführlich zitieren [aus: *Zen und die Wiederentdeckung des Offensichtlichen*, Seite 61 f.]:

„Ist die Wegstrecke, die so mit Leiden und Illusion gepflastert ist, nur ein riesiger Fehler, eine unnötige Schleife, die umgangen werden kann und sollte? Ist es möglich – mit Hilfe von erleuchteten Eltern und Lehrern –, von der Kindheit ... in das wahre Erwachsensein, in die Seherschaft späterer Etappen zu springen und damit die schlimmsten Schwierigkeiten, die wir gerade aufgezählt haben, zu überspringen? Mit anderen Worten, kann man ein Vollmitglied dieses Clubs, der ‚menschliche Gesellschaft' genannt wird, werden und seine unschätzbaren Privilegien und Einrichtungen genießen, ohne aber je die Lüge zu billigen, auf der sie gegründet ist, ohne je das ununterbrochene Face-Game des Clubs mitzumachen, ohne je so zu werden wie sie?

Rilke, der ein schmerzliches Ereignis seiner Kindheit beschreibt, hatte wenig Hoffnung: ‚Aber dann kommt das Ärgste. Sie nehmen ihn bei den Händen, sie ziehen ihn an den Tisch, und alle, soviel ihrer da sind, strecken sich neugierig vor die Lampe. Sie haben es gut, sie halten sich dunkel, und auf ihn allein fällt, mit dem Licht, alle Schande, ein Gesicht zu haben. Wird er bleiben und das ungefähre Leben nachlügen, das sie ihm zuschreiben, und ihnen allen mit dem ganzen Gesicht ähnlich werden?'

Die Frage, die wir stellen, ist, ob wir diese eingebildeten Birnen, diese schändlichen und pathogenen Gewächse, die die Gesellschaft entschlossen ist, genau hier auf unseren Schultern einzupflanzen und zu kultivieren – mit allem, was diese Gewächse mit sich bringen, ablehnen können?

Die Antwort: In der Praxis – nein. Es gibt keine andere Entscheidung, keine Patentlösung. Wir müssen diese Last auf uns nehmen und diesen Umweg gehen. Es stimmt, daß ein paar sich weigern, dies zu tun, und nie in der Lage sind, sich selbst aus einer gewissen Entfernung als zweite oder dritte Person zu sehen. Ähnlich dem älteren Bruder in der Geschichte vom verlorenen Sohn: Die bleiben zu Hause, sind erste Person Singular, Präsens, in aller Unschuld. Kein beneidenswerter Zustand. Unfähig sich vorzustellen, wie andere sie sehen, und darauf einzugehen, werden sie ‚retardiert‘ oder Schlimmeres genannt, neigen dazu, sich entsprechend zu verhalten und institutionelle Versorgung zu brauchen. Es gibt tatsächlich keine Reiseroute vom Paradies der Kindheit zum Himmel der Seligen, die nicht durch das Ferne Land, durch irgendeine Art Hölle oder wenigstens Fegefeuer führt. Um uns wirklich von unserer Eigenwilligkeit abzuwenden, unsere persönlichen und getrennten Egos loszulassen (und so zu den späteren Etappen unserer Reise zu kommen), müssen wir in diesem Stadium zahlende Mitglieder der Gesellschaft sein, die sich ihrer Kultivierung widmet: Solange wir kleine Kinder sind, ist unsere Egozentrik noch zu flach, zu unwirksam, veränderlich und offen, noch zu wenig unsere eigene, um sie aufzugeben. Um wirklich unsere Köpfe zu verlieren, müssen wir sie erst einmal fest aufgesetzt haben.

Um uns wirklich mit Klarheit und Wirkung bewußt zu sein, wer wir sind, müssen wir zunächst mit dem identifiziert sein, der wir nicht sind. Um das total Offensichtliche wirklich zu schätzen, müssen wir zunächst die Gewohnheit annehmen, es zu übersehen und zu leugnen. Das Universum ist so beschaffen, daß wahre Befreiung nicht in vacuo vorkommt: Es ist

Befreiung von dem, was falsch ist – ohne das ist es überhaupt keine Befreiung. Und so kommt es, daß unsere Sorgenliste – diese obendrein leider noch allzu unvollständige Jammergeschichte – nicht nur Jammer ist. Sie ist die Voraussetzung einer Freiheit, die anders nicht zu haben ist. Sie trägt ungeheuer und wesentlich zu dieser Erkenntnis bei – zu dieser Wiederentdeckung des Selbstverständlichen –, die sie am Ende überwindet, die ihre Heilung im Ganzen und in Teilen ist. Sie liegt der höchsten Glückseligkeit zugrunde, die (wie wir noch sehen werden) gegen Ende der Reise gefunden werden kann. Mit Sicherheit liefern unsere Schwierigkeiten das stärkste Motiv, energisch weiterzumachen. Wer würde in diesem Fegefeuer des illusionsbedingten Leidens länger als notwendig festgehalten werden wollen? Und wer würde nicht weitermachen wollen, nachdem er schon so weit auf dem Weg fortgeschritten ist – besonders deshalb, weil unsere nächste Etappe bei weitem die leichteste und unkomplizierteste von allen ist?«

Identität bedeutet, sich mit dem Funktionellen zu identifizieren, mit dem Tun, mit den Repräsentationen; das heißt, die Landkarte mit dem Gebiet zu verwechseln. Und gerade hier liegt die Wurzel unseres anhaltenden unterschwelligen Unwohlseins, das wir durch das Streben nach Annehmlichkeiten und Erfolgen zu verdrängen hoffen.

Das vom Ur-Credo ausgehende unangenehme Gefühl taucht häufig und regelmäßig in unserem täglichen Leben auf. Es ist präsent, wenn wir uns langweilen, wenn wir uns verletzt fühlen, wenn wir mit uns selbst oder mit jemand anderem in Konflikt stehen, wenn uns Verrat, Enttäuschungen oder Ungerechtigkeiten widerfahren oder wenn ein uns Nahestehender stirbt. Es sind genau *jene* Ereignisse, denen wir am liebsten aus dem Weg gehen würden, die uns in manchmal schockierender Art und Weise an die Realität unseres Alleinseins erinnern und die ein grelles Licht auf die trennende Identität werfen. Und gleichzeitig bieten uns diese Momente unschätzbare Gelegenheiten zu einer wahren Arbeit an uns selbst, an unserem Ur-Credo. Es geht dabei nicht darum, ihm noch mehr als vorher auszuweichen oder es zu verdrängen, sondern darum, seine Funktionsweise zu durchschauen.

Anders ausgedrückt: Man könnte das Ur-Credo als die schlimmste aller Verletzungen betrachten, die wir in unserem Leben erlitten haben. Während seines Entstehens haben wir uns vom eigentlichen Lebenssinn trennen müssen – unabdingbare Voraussetzung zum Erwachsenwerden und gleichzeitig bittere Frucht, die als Kern die Chance einer Entwicklung hin zu wirklicher Freiheit in sich trägt.

Das Leben ohne Identität (oder „ohne Kopf", wie Douglas Harding es nennt) kann man leben, nicht aber repräsentieren. Deshalb läßt es sich auch nicht zum Ziel erheben: *Man kann es sich nicht so vornehmen, wie man gewöhnlich ein Projekt in Angriff nimmt. Aber wir können dafür einen Freiraum in uns schaffen, indem wir immer wachsamer werden für unsere mentalen Mechanismen, wie zum Beispiel für unsere automatische Angewohnheit, Unannehmlichkeiten aus dem Weg zu gehen, um uns nicht dem unsäglichen Schmerz der Begegnung mit dem Ur-Credo auszusetzen.*

Wir sehen uns nicht zuletzt deshalb als von allem übrigen Existierenden unterschieden und getrennt an, weil wir logische Ebenen verwechseln. Solange wir uns nicht auf der objektiven, unnennbaren logischen Ebene der Existenz befinden, sind wir automatisch in der trennenden Identität gefangen, die sich folgendermaßen äußert:

- Ich „funktioniere", also gibt es mich.
- Ich habe Überzeugungen, also gibt es mich.
- Ich glaube meinen Worten, also gibt es mich.
- Ich handle, also bin ich.
- Ich denke, also bin ich.

In Wirklichkeit existiere ich außerhalb und unabhängig von all dem, und dann erst „funktioniere" ich auch: Ich spreche, habe manchmal Meinungen, Gedanken und Ziele.

Die Landkarte (ich denke, ich spreche, ich plane, ich funktioniere) ist nicht das Gebiet, das sie beschreibt (ich existiere).

Hypothesen zur Entstehung des Ur-Credos

Das Neugeborene nimmt die Umwelt unmittelbar über die fünf Sinne wahr; es sieht, fühlt und hört, ohne zu wissen, was es wahrnimmt. Die vorsinnliche Wahrnehmung ist dabei, sich zur unmittelbar-sinnlichen Wahrnehmung zu verdichten. Eine Besonderheit der vorsinnlichen Wahrnehmung ist das Ja zu allem, was passiert. Dennoch erfahren wir bereits zu Beginn unseres Erdenlebens die ersten rudimentären Formen des Nein.

Wir wissen, daß das kleine Kind alleine nicht überleben könnte; es braucht Eltern oder Pflegeeltern, die es ernähren und beschützen. Diese sind durch ihre Beschützerrolle oft gezwungen, nein zu sagen, zum Beispiel um einen Sturz zu vermeiden, wenn das Kind auf dem Wickeltisch zu heftig strampelt; oder um Schaden zu verhüten, wenn das Kind gefährliche Dinge in den Mund nehmen will. Diese ersten Neins sind die Grundbausteine für die Konstruktion seiner späteren Identität. Das grenzenlose Bewußtsein, mit dem es auf die Welt gekommen ist, stößt schon in den ersten Tagen seiner Existenz auf überlebensnotwendige Einschränkungen seitens seiner Betreuer.

In den nächsten Monaten häufen sich die Neins immer mehr, und das Kind sieht sich zunehmend mit Restriktionen konfrontiert. Das paradiesische Bewußtsein des bedingungslosen Ja komprimiert sich mehr und mehr.[19] Durch diese Verdichtung lernt es erste Ansätze

---

[19] Durch diese Einengung erlebt das Kind sein wahrscheinlich erstes seelisches Leid. Man kann sich das folgendermaßen vorstellen: Die unglaublich zahlreichen visuellen, auditiven, kinästhetischen, olfaktorischen und gustatorischen Eindrücke müssen eingeordnet, dekodiert, verstanden und später in Wortsymbole gefaßt werden. Das Überwechseln von der Dimension des uneingeschränkten Ja alles Wahrnehmens und alles Wahrgenommenen in die eingrenzende Dimension des Ordnens und des Geordneten erzeugt im kindlichen Nervensystem enorme mentale und emotionale Spannungen. Wahrscheinlich „weiß" das Kind auf seine Weise, daß dieser einengende Übergangsprozeß auf der einen Seite unvermeidbar, andererseits aber auch seiner inneren Natur zuwiderlaufend ist, da er ja die gelebte Wirklichkeit seiner direkten Wahrnehmung pervertiert. (Das dadurch entstehende Unwohlsein wird das Kind erst dann wieder verlassen, wenn es – später – die vorsinnliche Wahrnehmung wiederent-

von Verstehen – wenn wir hier auch natürlich noch nicht vom Verstehen eines Erwachsenen sprechen können. Das Kind be-greift (!) jedoch zunächst einmal genug, um mitzubekommen, daß es ein eigenständiges Wesen und von seiner Umgebung getrennt ist. Es muß lernen, mit diesem ihm gänzlich neuen Universum der Beschränkungen fertigzuwerden: Die Spielsachen haben feste, Widerstand leistende Formen; es kann nicht durch Wände gehen; in der Badewanne kann es den Kopf nicht sehr lange unter Wasser lassen; der Ofen kann sehr heiß sein usw.

Das alles sind erste Vorbereitungen auf das spätere Erlernen von Sprache. Um Sprache zu verstehen, müssen wir wissen, was „nein" bedeutet. Die Negation ist jedoch nicht nur für das Erlernen von Sprache unabdingbar, sondern auch für alle anderen mentalen Vorgänge, Repräsentationen und Modelle, wie zum Beispiel die Zeitvorstellung, das Erinnerungsvermögen usw. Erst dadurch kann sich Identität bilden, die zum Erwachsensein führt.

* * *

Kommen wir noch einmal auf das Nein in den ersten Lebensmonaten des Kindes zurück. Was sind die Auswirkungen dieses Nein im Nervensystem des noch nicht sprechenden Kindes? Die Konfrontation mit der Verneinung trägt zum Entstehen der drei ersten Wahrnehmungsweisen bei: Tilgung, Generalisierung und Verzerrung (siehe Kapitel II).

Tilgung ermöglicht es ihm, die Aufmerksamkeit auf einen bestimmten Aspekt seines Erlebens zu richten, sich zum Beispiel auf die Tasse zu konzentrieren, aus der es trinkt. Die Generalisierung führt

---

deckt.) Gleichzeitig „weiß" es auch, daß es eine erste Entscheidung treffen muß, die Grundsatzentscheidung: „Ich will erwachsen werden." Erst nach diesem Entschluß wird das Kind das Heurekaerlebnis haben, daß es in der Lage ist, Symbole zu deuten. Von da an wird sich seine Identität mit jedem entschlüsselten Wort mehr und mehr aufbauen, und die vorsinnliche Wahrnehmung wird immer mehr in den Hintergrund gedrängt werden.

das Kind dahin, bestimmte Elemente aus dem Fluß der Wahrnehmungen zu kategorisieren, zu ordnen, zu verallgemeinern. Das Kind ist so schon sehr früh imstande, ein Milchfläschchen als solches zu erkennen, auch wenn es nicht dasjenige ist, aus dem es gewöhnlich trinkt.

Aber das ist noch nicht alles: Die dritte Wahrnehmungsweise, die das Kind beim Sprechenlernen anwendet, ist die Verzerrung. Um dem nicht definierten Ding, das es in den Mund schiebt, das Wort Schnuller zuzuordnen, ist ein enormer Energieaufwand nötig. Auf der Ebene der unmittelbar-sinnlichen Wahrnehmung gibt es ja den Begriff Schnuller gar nicht, obwohl seine Funktion wohlbekannt ist. Um also akzeptieren zu können, daß der Begriff Schnuller den Gegenstand repräsentiert, den es sich in den Mund steckt, muß das Kind die unmittelbar-sinnliche Wahrnehmungsebene verlassen und negieren, daß es sich um ein Objekt mit unendlich vielen Eigenschaften und Substanzen handelt. Um diesen Paradigmenwechsel in sich vollziehen zu können, muß es sich nach und nach aus der in jedem Augenblick Millionen von Informationen enthaltenden unmittelbar-sinnlichen Wahrnehmung zurückziehen. Hierbei hilft ihm die mentale Vorgehensweise der Verzerrung, welche es ihm ermöglicht, von der virtuellen Realität des Unnennbaren zu abstrahieren.

* * *

Dieser Prozeß – der Eintritt in die Welt der Repräsentationen – ist wie eine zweite Geburt.

Das Kind muß nicht nur das allumfassende, das Nein einschließende Ja der vorsinnlichen Wahrnehmung vergessen, um sprechen zu lernen, sondern es muß außerdem eine spezifisch menschliche mentale Konstruktion „erfinden": ein *Glaubenssystem*. Es wäre natürlich Unsinn zu sagen, daß man an seine Wahrnehmungen auf der vorsinnlichen Ebene „glaube"; denn sie sind reine Evidenz. Aber um sprechen und verstehen zu können, muß das Kind Glaubenssysteme gewissermaßen als Krücken bauen, als eine Hilfskonstruktion, dank derer es nun in der Überzeugung leben kann, daß der Begriff Schnuller der Schnuller *sei*.[20]

Das Bilden von Überzeugungen ist einer der wichtigsten Prozesse im menschlichen Leben. Wir können nur deshalb am sozialen Leben teilhaben, weil wir als Kind mit etwa eineinhalb bis drei Jahren gelernt haben zu sprechen. Dazu war es nötig, daran zu glauben, daß der Begriff für eine Sache die Sache selbst sei. In der Zeit davor hatten wir noch keine Überzeugungen, wußten noch nicht einmal, daß es sie gibt. Doch schon in der Anfangszeit ist das Kind durch die vielen ihm auferlegten Beschränkungen („Nein!") einem immer stärker werdenden Druck ausgesetzt, der es dann in einem fließenden Übergang dazu bringt, seine vorsinnliche Wahrnehmung zu verneinen. Diese Negierung läßt das Ur-Credo entstehen. Das mentale Konstrukt des Ur-Credos kehrt dann mindestens bis zum Erwachsenenalter der vorsinnlichen Wahrnehmung den Rücken und wendet sich sozusagen unter dem Leitspruch „Ich trenne mich vom anderen und der mich umgebenden Umwelt" dem Aufbau der Identität zu. Das Ur-Credo wird zu ihrem Rückgrat, es entwickelt sich zum Instrument des sich als Ich erkennenden Ichs. Das enorme Potential, das es in sich trägt, ist nicht nur Garant für das Erlernen von Sprache, sondern auch Ausgangspunkt für alle späteren intelligenten und sozialen Handlungen.

In dem Zeitraum, in dem das Ur-Credo im Kind entsteht, wird das Selbstverständnis „Ich existiere getrennt von allem anderen" endgültig besiegelt. Das Ego ist geboren, die Individualität, die Identität des Kindes. Das Postulat „Ich bin" hat als zusätzlichen Effekt, daß das Kind von nun an alles, was es wahrnimmt, gleichzeitig auch buchstäblich als ver-ding-licht repräsentiert: Ich (ich bin) getrennt vom anderen (du bist) und von der Umwelt (das ist).

---

[20] Dieser Vorgang wird noch durch eine spezielle verbale Ausdrucksweise der Erwachsenen verstärkt, die auf dem Verwechseln von logischen Ebenen beruht. Wir sagen nämlich üblicherweise: „Dieser Gegenstand *ist* ein Schnuller" anstatt „Dieser Gegenstand *heißt* Schnuller."

Wenn das Kind jetzt hört: „Dies ist ein Schnuller; das ist Papa", assoziiert es das Objekt oder die Person mit dem Begriff, meint begriffen zu haben und geht zu anderen Dingen über. Einige Jahre lang wird noch oft die Erinnerung an die einstige wundersame vorsinnliche Wahrnehmung auftauchen, doch der Weg ins Vergessen ist bereits vorgezeichnet.

Dieser Prozeß der Identitätsbildung wird schubweise im Laufe der (allen Eltern aus leidvoller Erfahrung bekannten) Trotzphasen verstärkt.

In den darauffolgenden Jahren entwickelt sich das Identitätsbewußtsein weiter. Eine letzte Etappe gilt es noch zu durchlaufen: die Pubertät. Durch einen hormonellen Schub treten wir als Heranwachsende in die letzte Phase unserer biologischen Entwicklung ein. Wir sind nun (in der Regel) in der Lage, Leben zu reproduzieren und die damit verbundene Verantwortung für uns selbst und für ein eventuelles zukünftiges Familienleben zu übernehmen. Viele Jugendliche gehen hier durch eine letzte Neinphase, die sich in der typischen Oppositionshaltung gegen die von Eltern, Erziehern und Gesellschaft vorgegebenen Werte ausdrückt. Wir bestätigen uns damit in unseren Meinungen und Glaubensgrundsätzen, und wir grenzen uns noch mehr von anderen ab. Wenn all dies gut verläuft, finden wir unseren Platz in der Gesellschaft. Das Ur-Credo hat unsere Identität wachsen und reifen lassen, es bestimmt nun weiterhin alle Wertvorstellungen und Überzeugungen, die wir bis an unser Lebensende haben werden. Dieses großartige mentale Instrument, das uns zur Reife des Erwachsenenalters geführt hat, wird jedoch zu einem entscheidenden Hindernis für unsere weitere Entwicklung.

* * *

Der Abschluß der biologisch-psychischen Entwicklung am Ende der Pubertät ist nicht gleichzusetzen mit einem Ende persönlicher Entwicklung schlechthin. Nur geschieht von nun an die Entwicklung nicht mehr „automatisch", eingeleitet durch hormonelle Schübe. Sobald wir das Erwachsenenalter erreicht haben, können wir frei entscheiden: Wir können uns *ins Leben* stürzen, um dort Erfolg zu haben oder Schiffbruch zu erleiden; oder wir gehen *in uns selbst* hinaus, um unsere inzwischen fast ganz in Vergessenheit geratenen Ursprünge wiederzufinden (wobei das eine das andere nicht ausschließt!): zurück zur Erinnerung an eine Dimension jenseits von Identität, die jenseits aller Repräsentationen liegt und die bei unserer Geburt gegenwärtig war – die vorsinnliche Wahrnehmung.

Mentale Vorbereitung auf den Ur-Credo-Prozeß

Es liegt auf der Hand, daß wir uns an das Ausgraben unseres Ur-Credos, an das In-Frage-Stellen unseres bisherigen Lebenssinns, nur heranwagen können, wenn wir durch eine sorgfältige mentale Vorbereitung das notwendige Rüstzeug erworben haben. Hierfür ist eine NLP-Ausbildung gut geeignet – vorausgesetzt, der Trainer oder die Trainerin hat ihr eigenes Ur-Credo aufgedeckt und lebt beständig in der vorsinnlichen Wahrnehmung, von allen Verhaftungen an ihre Identität befreit.

Solch eine NLP-Ausbildung unterscheidet sich kaum von den anderen, klassischen, bis zu dem Augenblick, da die Arbeit am essentiellen Wert und – vor allem – am Ur-Credo beginnt.

Bei der heiklen Arbeit des „Aufknackens" der Identität können die Teilnehmerinnen und Teilnehmer besonders auf folgende, für diesen Zweck sehr nützliche Anwendungen aus dem NLP zurückgreifen, die sie zuvor im Rahmen der mentalen Kontrolle erlernt haben:

- „So tun, als ob": eine Art mentale Gymnastik, die es ermöglicht, einen Gedankenablauf oder einen inneren Zustand augenblicklich zu unterbrechen und durch einen anderen zu ersetzen.

- „Sich assoziieren" und „sich dissoziieren": mentale Vorgehensweisen, die uns die Wahl erlauben, entweder im Geschehen zu sein (assoziiert) oder die Rolle eines Beobachters einzunehmen (dissoziiert).

- Sich jederzeit augenblicklich mit angenehmen inneren Zuständen assoziieren und von unangenehmen inneren Zuständen dissoziieren können.

- Innere Zustände (angenehme und unangenehme) voneinander abschotten, um willentlich vom einen zum anderen überwechseln zu können.

- Innere Vorgänge handhaben, ohne sich Schaden zuzufügen; das heißt: mit der eigenen Psyche ökologisch umgehen.

- In der Lage sein, mit den verschiedensten Unannehmlichkeiten und mit heftigen Widerständen in sich selbst umzugehen, was insbesondere bei der Konfrontation mit negativen unbewußten Überzeugungen eine Rolle spielt. Dabei ist es besonders wichtig, jederzeit einen wenn nicht angenehmen, so doch neutralen inneren Zustand herstellen zu können.

- In der Lage sein, den schrittweise ablaufenden Prozeß des In-Frage-Stellens seiner selbst autonom zu handhaben und eigenverantwortlich zu handeln. Die Gruppenmitglieder, die am Ausgraben ihres jeweiligen Ur-Credos gemeinsam arbeiten, helfen und begleiten sich gegenseitig, aber jeder einzelne bestimmt für sich selbst, wie weit er dabei gehen will.

- Seinen essentiellen Wert erkennen (siehe Kapitel IV).

Auf dem „Markt" der Persönlichkeits- und der spirituellen Entwicklung kann man heutzutage viele „Macht-mich-glücklich"-Techniken finden. NLP unterscheidet sich von den meisten in diesem Punkt: Wer die NLP-Techniken meistern lernt, bekommt nicht nur das Handwerkszeug, um ein erfülltes Leben zu führen, sein geistiges und psychisches Gleichgewicht zu finden und seine Ziele zu erreichen. Er erlernt gleichzeitig viele der mentalen Vorgehensweisen, die er unbedingt für eine Konfrontation mit den tiefsten Tiefen seiner Persönlichkeit, das heißt mit dem Ur-Credo, braucht.

Eine letzte Vorbedingung für diese Konfrontation, bei der uns NLP allerdings nicht weiterhelfen kann, ist die absolute Ehrlichkeit uns selbst gegenüber. Wenn wir die Entscheidung treffen, uns mit den Grundfesten unseres Lebenssinns zu konfrontieren, so öffnen wir uns gleichzeitig bewußt für einen unermeßlichen Schmerz. Rührt man an diese Wunde, so übertrifft das alle bis dahin erlittenen körperlichen und psychischen Schmerzen. Im Prozeß dieser Bewußtwerdung kommt ein Augenblick, in dem wir erkennen: Mein ganzes Leben war darauf aufgebaut, und ich habe so und nicht anders gelebt, nur um den zerreißenden Schmerz nicht mehr zu fühlen, den die Entstehung der trennenden Identität früh in der Kindheit mit sich brachte. Nur eine immense Ehrlichkeit uns selbst gegenüber wird es uns ermöglichen, immer weiter in den sich in uns öffnenden Abgrund des Nichts einzudringen.

Die Grenzen seiner Identität zu überschreiten heißt auch, auf den befreienden Trennungsschmerz zuzugehen, selbst wenn diese Vorgehensweise das Gegenteil von lebenslangen Gewohnheiten ist.

Werfen wir jetzt einen Blick auf das, was uns erwartet, wenn wir unser Ur-Credo aufdecken wollen.

Die konkrete Arbeit am Ur-Credo

Der Ur-Credo-Prozeß wird im Rahmen einer Seminargruppe durchgeführt. Nach einigen vorbereitenden Übungen assoziiert sich jeder der Teilnehmer mit einem negativen Erlebnis aus seiner Vergangenheit oder mit einer negativen Überzeugung, die er von sich selbst hat. Dann stellt er die *Frage:* „Auf was in mir wirft mich das zurück?" Diese Frage hat er „richtig" beantwortet, wenn die Antwort ein noch unangenehmeres Gefühl als das vorherige hervorruft. Hat sich dieses Gefühl dann stabilisiert, wird wieder dieselbe Frage gestellt.

Nach und nach steigt so jeder stufenweise im eigenen Rhythmus in seine ureigene Hölle ab, immer unangenehmeren Gefühlen und Zuständen entgegen. Dadurch, daß jede/r der Teilnehmer/innen die im vorigen Abschnitt dargestellten NLP-Techniken zur mentalen Kontrolle beherrscht, können sie diese Höllenfahrt jederzeit unterbrechen, sich ausruhen, neue Ressourcen mobilisieren und das innere Gleichgewicht wiederfinden. Ökologische Aspekte sind bei der Anwendung von NLP-Techniken durchweg unabdingbar; bei der Arbeit am Ur-Credo kann man ohne sie nicht ans Ziel, das heißt ans Ende des Prozesses gelangen. Für die meisten Teilnehmer/innen ist es das erste Mal, daß sie sich absichtlich negativen Gefühlen ausliefern, statt sie zu vermeiden. Die Übung wird so lange fortgesetzt, bis die Strukturen der Identität in sich zusammenbrechen.

* * *

Wenn hier keine konkreten Übungsanweisungen gegeben werden, so hängt dies damit zusammen, daß das Eigentliche, um das es geht, nicht zu erreichen ist mit Rezepten nach dem Muster: „Tu dies ..., und dann kommt das ... heraus." Natürlich gebe ich in meinen Seminaren Grundmuster vor, aber während der Übungen wird ständig improvisiert, Konkretisierungen ergeben sich aus der jeweiligen Situation. Ich gehe spontan und intuitiv auf den individuellen Weg jeder Teilnehmerin, jedes Teilnehmers ein. Die Übungsanleitung zum „Ausgraben" des Ur-Credos umfaßt zwei Seiten. Diese hier abzudrucken würde den falschen Eindruck erwecken, daß man nur dieses Rezept anzuwenden brauche, um das gewünschte Ziel zu erreichen und zu erleben. Dies ist aber nicht der Fall. Der gesamte Übungsverlauf erstreckt sich in der Regel über zwei bis drei Tage und führt bei den meisten nur deshalb zum Ziel, weil die Gruppenenergie als Katalysator wirkt. Anfangs bin ich als Trainer der einzige, der Anleitungen gibt. Dazu „besuche" ich nacheinander die Untergruppen. Sobald jemand den „Durchbruch" erlebt hat, enthüllt sich ihm der „rote Faden", und er kann dann seinerseits anderen Anleitung zum Weitermachen geben. Da es also kein einheitliches Modell gibt, dokumentiere ich weiter hinten einige exemplarische Erfahrungsberichte.

* * *

Wir alle leben in dem Bewußtsein, eine eigenständige, persönliche Existenz zu sein. Stellen wir uns vor, daß das Hinterfragen des Ur-Credos dazu führen wird, daß wir uns zeitweise nicht mehr als solche erkennen können, ... so leuchtet es durchaus ein, daß wir uns auf heftigste Widerstände in uns selbst gefaßt machen müssen.

Wer sich auf den Weg zu seinem Ur-Credo macht, sollte sich von vornherein darüber im klaren sein, daß er eine leblose innere Wüste durchqueren wird. Wir werden auf grenzenlose Einsamkeit und unendliche Verlassenheitsgefühle stoßen. Nur wer es schafft, das ganze Ausmaß seines inneren Alleinseins zu ertragen, wird die in Vergessenheit geratene Dimension der vorsinnlichen Wahrnehmung wiederentdecken.

Die Begegnung mit dem inneren Alleinsein wird oft als Konfrontation mit einer inneren Müllkippe empfunden, mit einer Korruption oder einer Lebenslüge[21]. Etwa so, als ob wir uns ein ganzes Leben lang in die eigene Tasche gelogen und gleichzeitig alles daran gesetzt hätten, dies sorgfältig vor uns selbst zu verbergen. Es sei

---

[21] Lüge wird hier in folgendem Sinne gebraucht: Illusion, Täuschung, Verwechslung der logischen Ebenen von Wirklichkeit und Einbildung.

jedoch darauf hingewiesen, daß alle Phänomene, auf die wir im Verlauf dieser Reise ins Innere treffen, nichts als von uns selbst ins Leben gerufene mentale Erscheinungen sind, geschaffen, um der nagenden Einsamkeit zu auszuweichen. Sicher ist die Erkenntnis schmerzhaft, daß mein Leben auf einer Lüge aufgebaut war, aufgebaut sein mußte; aber wir sitzen alle im gleichen Boot: Ohne diese Lüge hätten wir nie all die mentalen und emotionalen Fähigkeiten erlernt, die fürs Erwachsenwerden notwendig sind.

Um Mißverständnissen vorzubeugen: Wenn ich von Lüge oder Korruption spreche, so hat dies nicht den geringsten Beigeschmack von Vorwurf. Während dieser Arbeit treten hin und wieder Schuldgefühle auf, die aber nur das Vorwärtskommen behindern und durch eine der oben angeführten Techniken zu meistern sind: So tun, als ob sie nicht existierten.[22]

Es geht nicht darum, (sich) zu (ver)urteilen, sondern sich den immer unangenehmer werdenden Gefühlen zu stellen, bis das schlimmste, nicht mehr vorstellbare auftaucht: wertlos und hilflos zu sein und ohne Hoffnung, von allen verlassen und nicht geliebt. Und es geht darum, sich davon nicht überwältigen zu lassen, sondern aufrecht, ohne Selbstmitleid und ohne Ausflüchte die Verantwortung dafür zu übernehmen.

Diese Beschreibung mag an gewisse therapeutische Maßnahmen erinnern, aber es handelt sich hier um etwas völlig anderes. Es geht hier keinesfalls darum, etwas zu reparieren oder zu therapieren. Wir visieren eine andere logische Ebene an, die der vorsinnlichen Wahrnehmung, welche sich der verbalen Äußerung entzieht und keine Spuren hinterläßt.

* * *

---

[22] Schuldgefühle sind einer der zu umschiffenden Widerstände. Viele Zeitgenossen scheinen es zu bevorzugen, in ihnen hängenzubleiben, anstatt sich aufrecht und aufrichtig einer Situation zu stellen und damit ihre Verantwortung zu übernehmen.

Hier skizziere ich nun einige der inneren Widerstände, denen wir auf dem Hindernisparcours zum Ur-Credo begegnen können und die wir meistern müssen, wenn wir weiterkommen wollen:

- Ängste jeglicher Art
- Somatisierungen wie zum Beispiel Kopfweh oder sonstige körperliche Schmerzen
- „Blackout" (ein psychologisches Phänomen, das uns zeitweise aus dem Kontext, in dem wir uns befinden, aussteigen läßt und uns in eine Art inneres Niemandsland befördert)
- Intellektualisierungen (wirken auf mentale Vorgänge wie Schlaftabletten)
- Schuldgefühle (behindern das Weiterkommen, indem sie eine ausweglose Situation vorgaukeln)
- sich über sein Schicksal beklagen
- diverse Formen von Zerstreuung und Abgelenktsein
- die Schuld beim anderen oder bei den Umständen suchen
- Hoffnung hegen (behindert das Weiterkommen dadurch, daß ein bekannter Ausweg aus der hoffnungslosen Situation vorgetäuscht wird)
- glauben, man habe es nicht nötig weiterzumachen, weil man meint, das Ziel der Übung schon zu kennen (macht auf einen Mangel an Ehrlichkeit sich selbst gegenüber aufmerksam)
- auf später verschieben (auch Vogel-Strauß-Verhalten genannt)
- mystische Halluzinationen (Ausweichen in „außergewöhnliche" visuelle oder auditive Sinnestäuschungen, anstatt sich mit sich selbst zu konfrontieren)
- spotten
- an jemand anderen denken und ihm zuliebe weitermachen.

* * *

Das Unternehmen „Ur-Credo-Prozeß" dauert zwei bis drei Tage und stellt – von den Ruhepausen abgesehen – einen Drahtseilakt für die Teilnehmer dar: Sie müssen ihre innere Ökologie respektieren und gleichzeitig auf den Zusammenbruch ihrer Identität hinwirken. Aber was sie am Ende erwartet, belohnt alle Mühe: ein Einblick in die vorsinnliche Wahrnehmung.

Wenngleich die „Ergebnisse" dieser Übung manchmal recht spektakulär erscheinen mögen, so kann sie doch nicht mehr als eine Simulation sein: Man geht am besten an sie heran wie an ein Flugübungsgerät, das alle Situationen simuliert, denen man in der Realität begegnen wird. Im Laufe dieses „Trainings" kann sich die innere Haltung des Übenden dementsprechend verändern, daß sich sein inneres Verhalten in den schwierigen Situationen des täglichen Lebens modifiziert: Er wird nicht mehr als einzige Möglichkeit den konditionierten Reflex haben, ihnen auszuweichen; jedes unangenehme Erleben kann für ihn zu einer Gelegenheit werden, sich mit den Ausläufern und Verzweigungen seines Ur-Credos auseinanderzusetzen. Das Nervensystem kann sich nicht von heute auf morgen auf ein Leben ohne Ur-Credo einstellen; es erfordert regelmäßige, zielgerichtete Selbstbeobachtung besonders in solchen emotional schwierigen Umständen, die normalerweise heftige Reaktionen gegen unsere Umwelt oder uns selbst auslösen. Hierbei werden wir sicher Aspekte unseres Ur-Credos entdecken, die wir bis dahin noch nicht in Betracht gezogen hatten.

Es kann mehrere Jahre dauern, bis man sich an diese neue Art gewöhnt hat, auf Umstände und andere Menschen zu antworten (statt wie zuvor reagierendes Verhalten an den Tag zu legen). Während dieser Übergangszeit haben wir zahlreiche Gelegenheiten zum Verfeinern und Vertiefen, damit die Simulation Realität werden kann.

Weiterführende Denkanstöße

Die folgenden Überlegungen sind keine Definitionen, sondern Ideen und Aspekte, die zu weiteren Reflexionen anregen sollen.

Solange wir unter der Hegemonie des Ur-Credos stehen, sind wir dem Glauben an die trennende Identität verfallen. Diese entzieht uns (teilweise oder gänzlich) ...

- die vorsinnliche Wahrnehmung;

- die Fähigkeit, den Ereignissen des Lebens ohne vorgefaßte Meinungen zu begegnen;

- die Fähigkeit, kongruent (das heißt ohne innere Widersprüche) zu handeln;

- die Fähigkeit, logische Abstraktionsebenen richtig und vollständig zu erfassen. (Die Möglichkeit der Intelligenz, sich frei zu entfalten, ist durch die unbewußte emotionale Bürde des Ur-Credos eingeschränkt.)

Wenn man sich des Ur-Credos bewußt wird, entsteht zunächst eine Stille, ein neurologischer Abwartezustand, aus dem sich die Fähigkeit entwickelt, zwischen vorsinnlicher Wahrnehmung und Repräsentation zu differenzieren. Die Stille ist die Folge des Nicht-mehr-identifiziert-Seins. Erst wenn wir uns nicht mehr mit Situationen identifizieren, können wir sie richtig und umfassend einschätzen: Es entsteht dann mit der Zeit ein GLOBALES VERSTEHEN der eigenen Vergangenheit, und es wird sonnenklar, daß sie nicht anders hätte ablaufen können: Alle wichtigen Entscheidungen waren Auswirkungen des Ur-Credos, das in dem ständigen Bemühen agierte, sich immer wieder neu zu bestätigen.

Dieser Vorgang des GLOBALEN VERSTEHENS geht einher mit einem grundlegenden Umorganisieren der Repräsentation unserer eigenen Vergangenheit: Die neue Repräsentation zeichnet sich durch eine korrekte und umfassende Einschätzung dieser Vergangenheit aus. Eine dauerhafte Dissoziierung von den Gefühlen, die mit vergangenen Ereignissen verbunden sind, ist die Folge. Alle

Errungenschaften und alles Gelernte bleiben dabei als potentielle Ressourcen zur Verfügung.

An diesem Punkt angekommen, spüren wir eine deutliche Verminderung des Einflusses unseres Ur-Credos. Als weitere Konsequenzen können sich ergeben:

- ein Prozeß des Zerfalls der trennenden Identität, des „Ich bin".

- die Fähigkeit, aus der vorsinnlichen Wahrnehmung heraus zu *handeln.*

- die Fähigkeit, ein Ereignis in „korrekter" Weise einzuschätzen, das heißt potentiell alle Aspekte, alle logischen Ebenen einer Situation sowie ihre Verflechtung mit allen existierenden Phänomenen in unsere Überlegungen mit einzubeziehen, Fakten als Fakten zu betrachten, und all dies in dem Bewußtsein, Teil eines Universums zu sein, in dem alles mit allem verbunden ist.

- die Möglichkeit, ein authentisches soziales Wesen zu werden, das sich bewußt als einen Teil des Ganzen wahrnimmt.

- die Fähigkeit, sich den gegebenen Lebensumständen anzupassen und sie zu analysieren, ohne daß die Wahrnehmung oder die Repräsentation dieser Wahrnehmung durch Beurteilungen oder unbewußte Vorannahmen getrübt wird.

- die Fähigkeit, zukünftige Ereignisse schon im Ansatz zu erkennen, da alle gegenwärtigen Informationen ungefiltert zur Verfügung stehen.

- Durch die ungefilterte Wahrnehmung haben wir jederzeit ein Maximum von Informationen für Situationsanalysen zur Verfügung, und wir können logische Abstraktionsebenen nicht mehr verwechseln. Daher kann es auch keine Enttäuschungen mehr geben: Erwartungen verwandeln sich in Eingebungen, anstatt Enttäuschungen zu werden; wir sind flexibel genug, uns allen nur denkbaren Situationen anzupassen, so daß es für Desillusionierungen keinen Platz mehr gibt. Erwartungen werden zu Katalysatoren, die uns zum Handeln anregen.

- Zweifel, Unsicherheit, Zögern, Konfusion, Unwissenheit und Leere werden zu einem permanenten kreativen Ressource-zustand des „Zur-Verfügung-Stehens" für den nächsten Moment.

- Wissen, Glauben, Erkennen, Ausweichen, Wählen, Analysieren und Synthetisieren, Schweigen, Eingreifen usw. werden zu kon-textbezogenen, optionalen Ressourcen, die je nach Nützlichkeit Anwendung finden.

- Wir erkennen die alles strukturierende Intelligenz, die alles Exi-stierende und Nichtexistierende miteinander verbindet und interagieren läßt.

Daraus folgt, daß wir potentiell in der Lage sind, ...

- uns von Worten, Objekten und Personen zu „desidentifizie-ren".

- die uns begegnenden Phänomene ganzheitlich, korrekt und umfassend einzuschätzen, indem wir die verschiedenen logi-schen Ebenen erkennen. (Die Landkarte spiegelt nun mit extrem großer Genauigkeit das Gebiet wider, das sie beschreibt.)

- ein kongruentes, das heißt von inneren Widersprüchen freies Verhalten an den Tag zu legen.

* * *

Ich möchte an dieser Stelle Stephen Jourdains Überlegungen anfü-gen, die ich nach einem Gespräch mit ihm über dieses Thema auf-gezeichnet habe.[23]

Stephen Jourdain ist ein außergewöhnlicher Mensch. Er hat den Durchbruch zu seinen Ursprüngen bereits im Alter von sechzehn Jahren erlebt. Heute ist er über sechzig Jahre alt, lebt auf der Insel

---

[23] Die Anführungszeichen kennzeichnen wörtliche Zitate von Stephen Jourdain.

Korsika und hält in Frankreich regelmäßig Seminare, bei denen er Zeugnis ablegt von dem, was ich die „vorsinnliche Wahrnehmung" nenne. Er hat zahlreiche Artikel und Bücher darüber geschrieben. Als ich ihm bei einem unserer Treffen von dem berichtete, was ich „Ur-Credo" nenne, stellte sich heraus, daß dies gar nichts Neues für ihn war, wenn er auch bis dahin noch nie darüber gesprochen hatte. (Er sieht es nicht als seine Aufgabe an, die Teilnehmer seiner Seminare zum Ur-Credo zu führen.) Daraufhin entspann sich ein fünfstündiges Gespräch, aus dem ich hier einige Gedanken – notgedrungen bruchstückhaft – wiedergeben möchte.

Stephen Jourdain benutzte folgende Synonyme für das Ur-Credo: Ur-Postulat, Ur-Vorurteil oder Ur-Voraussetzung.

Er geht davon aus, daß das Phänomen des Ur-Credos ...

„... ein Alibi für die Trennung von Ich und Umwelt ist;

... ein auf unsicheren Fundamenten aufgebautes mentales Konstrukt ist;

... tief verinnerlichte Minderwertigkeitsgefühle in sich beinhaltet;

... eine entwürdigende und einschränkende Konzeption seiner selbst ist, da der betreffende Mensch ja von sich glaubt, daß er wertlos sei."

Das „Ur-Postulat" mischt bei allen Entscheidungen mit, die wir treffen. Das spielt sich als Grundmuster folgendermaßen ab: „Ich bin nichts wert, also ... treffe ich die Entscheidung ..." Das führt ann dazu, daß „Entscheidungen dieser Art von Grund auf pervertiert sind, da sie aufgrund von Schlußfolgerungen getroffen wurden, die als wider die menschliche Natur zu bezeichnen sind. Mit der Folge, daß man den Mitmenschen immer als potentiellen Feind ansieht."

Wenn wir in uns auf das „Ur-Vorurteil" stoßen, haben wir die Wahl zwischen zwei Möglichkeiten: „uns eine Kugel in den Kopf jagen oder das Gegenteil davon tun."

Das Ur-Credo können wir betrachten als ...

„... eine heruntergekommene betrügerische Nachahmung;

... eine Anfechtung der Legitimität unserer ureigensten Persönlichkeit, unserer Selbstliebe."

Das hat zur Folge, daß wir „unseren essentiellen Wert mit allen zur Verfügung stehenden Mitteln verneinen".

Der Schmetterling

von Marie Noëlle Pélerin

„Wenn Sie eines Tages seelisches Leid in Ihrem Innersten erfahren, jenseits von Tränen und Hoffnungslosigkeit, eines, daß Sie vor Entsetzen aufschreien läßt, während Sie mit Ihren Fingernägeln schwarze Erde aufkratzen, und wenn es noch schlimmer kommt, bis Sie nicht mehr wissen, ob Sie in diesem Alptraum noch weiterleben können ... – an diesem Tage werden Sie wissen, daß es keinen Gott und auch keinen Menschen gibt, der Ihnen helfen könnte, und Sie werden von einem nicht enden wollenden Schmerz erdrückt. Vielleicht werden Sie es überleben, vielleicht auch nicht. Das hat keine Bedeutung mehr. Leiden ist weder Sühne noch Läuterung. Noch weniger ist es Erlösung. Aber ein zerrissenes Herz wird hinterher größer sein. Und die Liebe, die den Schmerz kennt, wird stärker sein. Im Herzen des unerträglichsten Leidens verbirgt sich unsägliche Liebe.

Wir sind nur das, was wir gelebt haben. Nicht das, was wir glauben zu besitzen. Sind nicht die vom Leben selbst in seiner ganzen Farbenpalette gesponnenen Fäden unser ganzer Reichtum? Und wenn wir uns ganz in Weiß wiederfinden werden, wissen wir, daß wir alle Farben des Regenbogens in uns tragen.

Durch alle unsere Leben hindurch entdecken wir nach und nach alle Formen des Glücks und des Leids, die Tränen der Freude und die Tränen der Trauer. Einen sorglosen Burschen nennen wir den Schmetterling, der nur Lachen und Blumen kennt. Und eine finstere Gestalt nennen wir die Raupe, die sich in der Erde verkriecht und weint. Dennoch, die eine wie der andere sind nur zwei Aspekte desselben Wesens, die Raupe kann ohne ihn nicht existieren, und der Schmetterling könnte sich selbst nicht überleben, würde er die Raupe nicht erneut ins Leben rufen.

An dem Tag, an dem Sie Raupe sind, und selbst wenn Sie nicht mehr an Schmetterlinge glauben, bleiben Sie sich einfach dessen bewußt, daß Sie in einem Kokon stecken. Die Metamorphose geschieht von selbst. Anstrengungen sind nutzlos. Nur die Zeit wird kommen, hier oder anderswo, und Ihre Tränen trocknen.

Und es braucht viele Farben zum Malen von Schmetterlingsflügeln ..."

Erfahrungsberichte

Vorbemerkung

Alle Interventionen im NLP zeichnen sich dadurch aus, daß sie lebendig und praxisbezogen sind. Um Ihnen einen unmittelbaren Einblick in die Arbeit am Ur-Credo sowie am essentiellen Wert zu vermitteln, habe ich einige Teilnehmer meiner Seminare gebeten, mir ihre Erfahrungsberichte zukommen zu lassen. Wenngleich die von ihnen dafür gewählten Formulierungen keinesfalls das eigentliche Erleben wiedergeben – dieses gehört für immer dem nichtenthüllbaren Intimbereich jedes einzelnen an –, können sie immerhin die von diesem Erleben zurückbleibenden Eindrücke repräsentieren.

Die nachfolgenden Darstellungen sind rein beschreibend, ohne Deutungen oder Auslegungen. Sie sind Ausdruck eines lebendigen mentalen Geschehens, das nicht auf eine neue Ideologie oder ein neues Weltbild abzielt. Allenfalls wird letzteres durch das Erforschen der psychischen Tiefenstrukturen mit NLP-Methoden erweitert (im Sinne von Bewußtseinserweiterung). Selbst wenn der Durchbruch in eine seit langem in Vergessenheit geratene Dimension im Rahmen von *Seminaren* eher den Charakter einer Simulation hat, so kann es dabei dennoch zu mehr Klarheit und zu Kreativitätsschüben kommen. Dies erklärt unter anderem die in allen Beschreibungen auftauchende Begeisterung.

An dieser Stelle möchte ich auf folgendes hinweisen: Das Seminar über das Ur-Credo kann allenfalls einen Anstoß in die richtige Richtung geben. Letztendlich sind wir bei der Arbeit an unserer Selbstverwirklichung ganz auf uns selbst angewiesen. Diese „Arbeit an sich selbst" (Gurdjieff) findet überall dort statt, wo wir uns gerade aufhalten: im Bett, beim Essen, bei der Arbeit, vor dem Fernseher, im Auto, mit unseren Freunden, unserer Familie, kurz: in jedem Moment des persönlichen Alltags.

Wer sich auf den von mir entwickelten Ur-Credo-Prozeß einläßt, kann in sich selbst in Einklang kommen mit den im ersten Kapitel dargestellten NLP-Vorannahmen. Da dies in den nachfolgenden

Erfahrungsberichten nicht immer deutlich wird, hatte ich erst Bedenken, sie mit in dieses Buch aufzunehmen. Ich schlage Ihnen vor, sie im Sinne der Verfasser zu lesen: als vorurteilslose und deutungsfreie Beschreibung.

* * *

Christian, Elektrotechniker

„Der Prozeß war schmerzhaft, wie eine Geburt oder wie die Enthüllung eines verborgenen Geheimnisses, das eigentlich nicht hätte enthüllt werden dürfen.

Es war etwa so, daß eine ganz besondere innere Ressource mir Kraft und Sicherheit gab, damit ich den Prozeß, der sich in mir abspielte, verstehen konnte. Erst als mir klar wurde, daß auch alle anderen Gruppenteilnehmer ein schmerzhaftes Geheimnis in sich trugen, konnte ich mich bis auf den Grund der Ehrlichkeit mir selbst gegenüber begeben und mir den tiefen Schmerz eingestehen. Die warme und herzliche Atmosphäre in der Gruppe hat dazu beigetragen, daß ich mich von diesem künstlichen Anhängsel befreien konnte, das mir als etwas Unwirkliches vorkam und mich vom Kontakt mit den anderen abschnitt.

Das Ur-Credo habe ich in folgende Worte gefaßt: ‚Ich bin (den anderen) überlegen.‘ Paradoxerweise war ich bis dahin vom Gegenteil überzeugt gewesen, ich hatte mich anderen immer unterlegen gefühlt; ‚objektive‘ Beobachtungen in dieser Hinsicht fielen immer wieder zu meinen Ungunsten aus, und ich wollte wie die anderen sein. Dies hatte auch Auswirkungen auf meine berufliche Laufbahn. Wenn mir ein besserer Posten angeboten wurde, hatte ich schnell Ausreden zur Hand, warum ich ihn nicht annehmen konnte – geboren aus der Überzeugung, nicht über die notwendigen Kompetenzen zu verfügen.

Das Ausgraben des Ur-Credos hat mir deutlich gemacht, daß es auf unwirklichen und nicht gerechtfertigten Voraussetzungen aufgebaut ist und daß es auf Ängsten, nicht auf Tatsachen basiert. Vieles von dem, was sich in meinem Leben abgespielt hat, basiert darauf, vor allem mein Verhalten im Zusammenhang mit Partnerschaften, Freizeitbeschäftigungen und beruflichen Entscheidungen. Dieses Postulat machte sich systematisch in allen meinen Handlungen breit, vor allem im zwischenmenschlichen Bereich.

Im Alter von fünf Jahren war mir zum ersten Mal bewußtgeworden, daß es den Tod, das Nichts, das Alleinsein gibt. Damals war es eine überwältigende, viel zu heftige emotionale Erfahrung: Ich wachte nachts auf und befand mich in einem Zustand völliger Verzweiflung. Ich sagte zu meinen Eltern: ‚Wenn man tot ist, lebt man nicht mehr.‘ Dieses Erlebnis hatte ich seither weggesteckt, wie man etwas in eine Flasche tut und dann einen luftdichten Stopfen daraufsetzt.

Der Stopfen hat die Bedeutung von: Ich bin dem Nichts, dem Tod, der ‚unsterblichen‘ Leere überlegen.

Damit war der die Trennung vom Leben aufrechterhaltende Bruch besiegelt, und ich konnte mich ganz meiner persönlichen Entwicklung widmen.“

Christiane, Französischlehrerin

„Während der gesamten NLP-Ausbildung haben mir die meisten Übungen dabei geholfen, mich mit mir selbst zu konfrontieren, wobei mir die anderen Teilnehmer – was meine Verhaltensweisen und meine verbalen Äußerungen betrifft – ständig den Spiegel vorhielten. Aber ich behielt stets die Freiheit, mich nicht völlig in eine Übung zu involvieren, wenn sie meiner Ökologie nicht zu entsprechen schien; dann blieb ich eher Zuschauerin. Tatsächlich bin ich schlicht und einfach meinen Schwierigkeiten aus dem Weg gegangen und habe die wirkliche Begegnung mit mir selbst gemieden. Das Wochenende, an dem die Arbeit am Ur-Credo stattfinden sollte, war für mich der ‚Tag X‘, der Tag, den wir alle gemeinsam neun Monate lang vorbereitet hatten und an dem die Akrobaten ihren dreifachen Salto ohne Netz und Fangseil ausführen würden.

Die Übung war so gestaltet, daß mir nichts anderes übrig blieb, als mich voll zu engagieren: Hier ging es nicht mehr darum, einem Parkett von Zuschauern etwas vorzumachen; hier war ich allein, mit mir selbst konfrontiert, auf dem tiefsten Grund meines Bewußtseins; es brachte nichts mehr, mir etwas vorzulügen, mich zu rechtfertigen oder zu beglückwünschen, wie ich es bislang während meiner Introspektionen so oft gemacht hatte. Was mir bevorstand, war dies: die Inventur meiner Persönlichkeit zu machen, dabei aufmerksam auf die geringsten Details zu achten und gleichzeitig den richtigen Blick für das Ganze zu bewahren.

Ich erinnere mich nicht mehr, über welche Umwege ich schließlich zu meinem Ur-Credo gefunden habe, aber auf einmal fühlte ich mich bewegungsunfähig, gelähmt, und in einem Lichtblitz habe ich mich regelrecht an einen Schandpfahl gefesselt gesehen; Kopf, Hände und Füße ragten aus einem fest verriegelten Holzbrett hervor, und der Henker, der das Schloß zusperrte, war kein anderer als – ich selbst. Diese Vision dauerte nur ganz kurz, war aber um so deutlicher, als ich mich Sekunden vorher in einem Zustand extrem unangenehmer Empfindungen ohne Bilder befunden hatte. Ich erkannte, daß ich selbst die einzige Verantwortliche für mein Eingesperrtsein bin. Im Grunde hatte ich das bereits gewußt, und im Augenblick des Erscheinens dieses Bildes von mir selbst habe ich verstanden, daß ich schon immer so gehandelt habe und daß es mir freisteht, eine andere innere Einstellung zu haben, jetzt gleich, im selben Moment; daß die Situation augenblicklich umkehrbar ist und ganz in meiner Verantwortung liegt.

Ich habe die mentale Anstrengung gemacht, über diesen Punkt hinauszugehen – ein Eindruck von Niemandsland, von watteweicher Betäubung ... Ich weiß inzwischen, daß eine Gewohnheit – genauso alt wie ich – mich am Handeln hindert: Das Ur-Credo ist flink, und die schon immer dagewesenen Reflexe sind rasch bei der Hand ... Sobald ich sie bemerke, konzentriere ich mich auf meinen essentiellen Wert und überwache alle psychischen und körperlichen Bewegungen, die ich mache.

Ich verstehe nun besser, was Carlos Castaneda meint, wenn er von der ‚Kunst des Anschleichens' spricht.“

Thomas, Landwirt

„Während des Wochenendes über das Ur-Credo bin ich mir der Bipolarität Ur-Credo/Essentieller Wert bewußt geworden: ‚Solange ich mich als wertlos und von anderen getrennt ansehe, kann ich meinen essentiellen Wert nicht realisieren, und ich bin ständig mit einer unbewußten Unzufriedenheit konfrontiert.‘ Dies hatte im täglichen Leben dazu geführt, daß ich dauernden inneren Konflikten ausgesetzt war.

Des weiteren ist mir klargeworden, daß ich bis zum besagten Wochenende jeden aufkommenden Kontakt mit meinem Ur-Credo verdrängt und schon im Keim erstickt hatte. Eine tiefe, undefinierbare Angst war die Ursache.

Heute würde ich sagen, es war die Angst, meine Identität zu verlieren. Aber ab einem bestimmten Moment gab es etwas, das stärker war als die Angst, als meine Repräsentationen, als meine Gedanken. Der entscheidende Antrieb dafür war der Wunsch aufzuhören, mich selbst zu belügen. Im Kopf hatte ich dank NLP schon längst herausgefunden, daß es eine Lüge ist zu sagen: ‚Ich denke, also bin ich.‘ Aber, was folgt ... daraus? ‚Wer bin ich, wenn ich *nicht* denke?‘ Die Gedanken drehten sich immer mehr in die Richtung einer Leere ohne Ende.

Ich ließ also so weit als möglich ein immer unangenehmer werdendes Gefühl zu: ‚Ich bin nichts wert, ich bin von den anderen getrennt.‘ Im Kopf und im Bauch spürte ich zunächst etwas wie einen Erdrutsch, der von Übelkeit begleitet war. Und als ich mir dann meiner Wertlosigkeit und der Trennung bewußt wurde, gingen mir noch drei ‚letzte‘ Fragen im Kopf herum: ‚Warum lasse ich es zu, mich in solch unangenehme innere Zustände zu begeben? Was hindert mich daran zu sein? Und wohin führt mich dieses Wochenende?‘ Gefühle von Widerstand, Fragen, Wertlosigkeit, Verzweiflung und wieder Fragen machten sich in mir breit ...

Ein mentaler Wirbelsturm kam auf. Ich verlor den Boden unter den Füßen. Alle meine mentalen Konstruktionen, darunter auch tief durchdachte Konzepte, fingen an, aus den Fugen zu geraten. Ich verbrachte Stunden damit, mir immer wieder neue Fragen zu stellen, mich als wertlos zu empfinden (‚Du bist eine Null‘), mich dem Leiden absichtlich auszusetzen. Mein Gehirn sprudelte förmlich vor Gedanken. Aber nicht nur in diesen Momenten: Mir wurde klar, daß es Teil meines alltäglichen Funktionierens war. Schon seit langem waren automatisch sprudelnde Gedanken in mir. Schwierig, damit aufzuhören und ihnen keinen Glauben zu schenken. Aber diesmal ereignete sich ein Erdbeben, ein mentaler Vorstoß in die LEERE.

In den darauffolgenden Stunden wurde aus dem mentalen Beben ein körperliches Zittern. Mein ganzer Körper zitterte, vor allem die rechte Seite. Mein Herz schlug zeitweise derart heftig, daß ich Angst bekam zu sterben. Und immer wieder Gedanken, aber auch die Beobachtung dieser Gedanken sowie Beobachtung der körperlichen Symptome. Angst! All dies spielte sich bei klarstem Bewußtsein ab. Und ich war imstande, es zu akzeptieren. Ich wollte die gedankenfreie Wahrnehmung kennenlernen, die Dimension des Unnennbaren. Und nun dieses Körperzittern! Ich hatte immer mehr den Eindruck, daß mich eine Art Starkstrom von oben nach unten durchströmte. Mir wurde immer heißer, ich fing an zu schwitzen, und mein Atem ging immer schneller. Ich zitterte am ganzen Körper.

Dann kam es zu einer Art Fusion, einer ekstatischen Explosion. Meine Augen waren geschlossen, ich sah ein Lichterfeuerwerk, das sich in ein bewegtes, leuchtendrotes Magma verwandelte, und der Höhepunkt dieses unbeschreiblichen Glücksgefühls war von einem weißen Licht begleitet. Und dann: ein tiefer Ruhezustand, wie tot, eine Art unendlicher Friede. ALLES und NICHTS zur gleichen Zeit. Und keine Gedanken mehr! Ich weiß nicht mehr, wie lange es andauerte, aber es scheint mir, daß ich nach einiger Zeit anfing, mit anderen zu sprechen, ohne Worte. Die durch Worte und Gedanken entstandene Trennung war aufgehoben. Nach der LEERE habe ich eine VEREINIGUNG erlebt, mit allem, ohne Identität. In diesem Moment hörten mein Körper und meine Identität auf zu sein. Reines Bewußtsein war alles, was war. An diesem Tag habe ich mein SEIN entdeckt, die Bejahung des Wirklichen. Es war ein Geschenk, das *ich mir* gemacht habe. Aber um ein solches Geschenk zu erhalten, muß man an sich arbeiten, unter Anleitung.

In den Tagen nach dem Wochenende war ich sehr ausgeglichen, wie in Watte gehüllt, fühlte mich körperlos und nicht wirklich mit meinen Gedanken beschäftigt, wie in einem Film. Ich hatte wenig Lust, Worte zu benutzen. Es kristallisierte sich eine Sicherheit in mir, daß ich jederzeit mit *mir* in Kontakt treten kann. Vertrauen und Demut wie niemals zuvor. Die Arbeit am Selbst wurde mir heilig.

Die Zeit nach diesem tiefsten Erleben verlief in mehreren Etappen. Zunächst einmal stellte ich fest, daß ich keine wirklichen Probleme mehr hatte. Der Abstand zu dem, was ich vorher als sehr wichtig angesehen hatte, war enorm. Es war, als ob FRIEDE meine Handlungskriterien bestimmte und nicht mein Selbstbewußtsein.

Im täglichen Leben wird mir immer mehr bewußt, welche Rollen ich mit mir spiele. Gleichzeitig nehme ich wahr, wie ich mich automatisch einschränke, denke und handle. Ich konstatiere Verästelungen meines Ur-Credos sowie die Beurteilungen, die meine Identität fabriziert. Durch eine bestimmte Art von Ehrlichkeit mir selbst gegenüber ‚komme ich weiter‘ ... Wohin? Dieser Gedanke, den ich habe, dieses Gefühl, das in mir hochkommt, dieses positive oder negative Verhalten, das ich an mir wahrnehme – auf was deuten sie hin? Wer ist dieses Ich, das mir vertraut?

Mir gelingt es immer besser, die Ursprünge meiner Gedanken mitzubekommen und Unterscheidungen zu treffen. Neurologisch teile ich sie in unterschiedliche Kategorien ein: emotionale Gedanken, instinktive Gedanken ... In Wirklichkeit ist es eine Bewußtheit, die Thomas wahrnimmt, und diese Bewußtheit erlaubt es ihm, nicht über sich zu urteilen, wenn er Unwirkliches in sich aufdeckt: Ich bin nicht das, was ich denke. Diese Arbeit an der Aufmerksamkeit erlaubt es mir auch, bewußt die gesellschaftlichen Rollen zu spielen, die der jeweiligen Situation entsprechen und die im Einklang stehen mit meinen inneren Werten. Aber ich stelle auch fest, daß ich vergesse zu *sein*; ich vergesse mich, und dann glaube ich dem, was ich denke. Dann taucht wieder eine Art Selbsterinnerungsappell auf ... Das Bewußtsein meiner selbst ist noch etwas zerbrechlich.

Verantwortlich für sich selbst zu sein ist also keine ‚kostenlose‘ Gabe. Verantwortlich für sich selbst zu werden erfordert eine große Aufmerksamkeit – vor allem im Hinblick darauf, den eigenen Gedanken keinen Glauben zu schenken. Dies hat weitreichende Folgen: Es impliziert ebenfalls, nicht (mehr) dem zu glauben, was ich über andere denke. Diese Selbstbefreiung von eigenen Gedanken führt mich immer mehr dahin, mich und den anderen auf der mentalen Ebene wie ein leeres Blatt wahrzunehmen. (Die Landkarte ist nicht das Gebiet, das sie beschreibt.) Das ‚Leere-Blatt-Verhalten‘ hat zur Folge, daß sich jetzt im täglichen Leben Unterhaltungen ergeben, die vorher un*denk*bar gewesen wären. Eine ganz neue Dimension von Kreativität öffnet sich. Die eigene Freiheit ist auch die des anderen, wir tauschen uns aus, um uns zu vereinen. Dadurch wird allen Beteiligten ermöglicht, das Beste von sich zu zeigen ...!

Die derzeitige Evolution erlebe ich als eine Bereitschaft, den anderen, andere zu lieben – etwas, das vorher auch nicht *denk*bar war. Denken ist bei mir zu einem ‚*Seins*hemmer‘ geworden, der Liebe oder Vereinigung ausschließt. Und es geht mir auch nicht darum, dieses Funktionieren eines Tages abzustellen; es geht vielmehr darum, auf der Hut zu sein vor ... der Lüge. Und darum, das Jetzt nicht zu verpassen.

Wenn ich ein Neugeborenes anschaue und rückblickend den Prozeß betrachte, der den Trennungskonflikt sowie das Ur-Credo mit den Folgeerscheinungen der gefilterten Wahrnehmung ins Leben rief, komme ich zu dem Schluß, daß die wahrscheinlich (zu Anfang) absichtliche Einrichtung eines Ur-Credos aus der Notwendigkeit heraus entsteht, Mitglied der menschlichen Gemeinschaft zu werden. Ein neuer Erdenbürger hat seine Sinne zunächst einmal ganz nach außen gerichtet. Der kleinste Lärm, eine kleine Berührung oder ein schwaches Licht lösen in ihm sofort einen neurologischen Reflex aus. Er könnte wohl nicht sozialisiert werden, würde er in dieser unmittelbaren Wahrnehmung der um ihn herum sich abspielenden Phänomene bleiben. Die Trennung von dieser direkten Wahrnehmung, von der Dimension des Unnennbaren, und die damit einhergehende Filterungsmöglichkeit ist wahrscheinlich notwendige Voraussetzung für die Entstehung einer Individualität – eines zweigeteilten, in der Dualität lebenden Individuums. Später dann, wenn er den Mut zur Ehrlichkeit hat, wird er sich seiner selbst bewußt werden können, er wird sich seines Selbst erinnern können."

Monika, Sekretärin

„Ich erlebte mein Ur-Credo wie einen aufziehenden Orkan: Die Wolken zogen sich ganz langsam zusammen, um sich dann im Raum, der in dieser Metapher meinen Körper und meinen ‚denkenden' Kopf symbolisiert, zu einem kompakten Block zu formen, bereit zu explodieren.

Als sich der Wirbelsturm zusammenzog, schien alles um mich herum gleichzeitig in Zeitlupe und in Zeitraffer zu geschehen; ich erlebte ein Aufblühen, eine Entfaltung (Von was oder von wem? Ich hatte keine Ahnung.), begleitet von einem Gefühl von überlebensnotwendiger Dringlichkeit. Es war ein seltsames Gefühl, überall und nirgends zugleich zu sein.

In diesem Moment schlug mir Wolfgang vor, alleine weiterzumachen. (Bis dahin wurde ich von zwei Gruppenteilnehmern beim Erforschen meines Ur-Credos begleitet.) Seine Worte waren wie der Zündfunke, der das Gewitter zum Ausbruch kommen ließ.

Ich zog mich also zurück, obwohl mir dies nicht leichtfiel und ich es im ersten Augenblick auch nicht verstand. Jedenfalls ging ich vollständig in diesem schwarzen Gewitterhimmel auf, es war wie eine vollständige Vernichtung. Ich konnte mich jedoch noch an Wolfgangs Worte vom Anfang des Seminars erinnern, die ich in meinem dröhnenden Kopf hörte: ‚Ihr beherrscht jetzt das NLP-Handwerkszeug, und ihr könnt es anwenden; zum Beispiel: so tun als ob, Gefühle eingrenzen, dissoziieren ...' Also sagte ich mir: ‚Laß dich von der aufkommenden Welle einfach tragen und lege deine Gedanken und deine Gefühle in irgendeiner Ecke dieses Universums ab.' In diesem Moment begann in mir ein Frage-Antwort-Spiel:

Wer bin ich? Antwort: Ich bin nichts.

Wo bin ich? Antwort: Ich bin gleichzeitig überall und nirgends.

Der Orkan ging zu Ende. Mein Körper und meine Gedanken verschwanden, um dem ALLES Platz zu machen; ich fühlte, daß ich an der Quelle angekommen war. In diesem Universum war absolute Stille und Frieden und vor allem die Liebe, dieses Alles, das gleichzeitig das Nichts ist. Ich spürte das Gewicht meines Körpers nicht mehr; ich hatte das Gefühl, zu verschwinden und ,alles' zu sein.

Es war schwierig, den Orkan durchzustehen, aber ich habe ihn dadurch kampflos besiegt, daß ich mich mit dem Strom treiben ließ oder einfach mit dem Atem des Lebens."

Eines Morgens, während er spazieren ging, hörte er das Knacken eines Kirschbaumastes, der unter dem Gewicht des Schnees glatt entzweibrach. Ein paar Schritte weiter sah er eine Weide am Flußufer stehen. Die weichen Äste der Weide neigten sich unter der Last des Schnees; als sie den Boden erreichten, entledigten sie sich sanft ihrer Last und nahmen unversehrt wieder ihren Platz ein ...

Yoshinryu

Serge, Psychotherapeut und Spracherzieher

„Mein Ur-Credo zu erleben war eine wirkliche und unglaubliche (im wahrsten Sinne des Wortes) Konfrontation mit den hintersten Winkeln meiner selbst.

Die Übung sah zunächst wie eine harmlose Erforschung der konstituierenden Elemente meiner Persönlichkeit aus. Daraus wurde dann eine regelrechte ,Höllenfahrt', während derer Emotionen und Gedanken wachgerufen wurden, die ich schon für immer in Vergessenheit geraten glaubte. Nicht daß ich in meinem bisherigen Leben noch nie – wie jeder von uns – höchst unangenehmen Situationen ausgesetzt gewesen wäre. Doch bei dieser Erforschung warf mein Bewußtsein ein ganz neues Licht bis in die abgeschotteten Zonen in mir und in meiner Kindheit. Der Unterschied zu real gelebten unangenehmen Erlebnissen ist offensichtlich, denn wir gehen hier mit einer freiwilligen, bewußten Intention an die Sache heran. Wir erforschen und entschlüsseln mit der durch die NLP-Techniken geschulten Unterscheidungskraft unsere eigene Persönlichkeit: Wir gehen dem inneren Schmerz entgegen, erwarten ihn sogar, um ihn aus der Nähe betrachten und definieren zu können; wir erlauben uns, ihn zu erleben, um ihn besser (wieder)zuerkennen, ihn zu akzeptieren, statt gegen ihn anzugehen.

Der Aufbau der Übung ist auf den ersten Blick simpel: Es geht darum, Situationen wiederzuerleben, die immer unangenehmere innere Zustände provozieren, dabei auftretende Widerstände zu respektieren und dennoch die innere Reise bis ans finsterste Ufer unseres Daseins fortzusetzen.

Gleich am Anfang dieser Übung hatte ich mich dazu entschlossen, mich voll und ganz auf sie einzulassen. Jahrelange Erfahrungen mit NLP und die im jungen Erwachsenenalter begonnene Suche nach Lebenssinn hatten in mir ‚Antennen‘ für die Einschätzung gewisser Übungen wachsen lassen. Was die Wichtigkeit der Unterscheidung von logischen Ebenen angeht, so hatte ich dies gerade mal intellektuell verstanden, ohne mir jedoch über die damit verbundenen Implikationen klar zu sein. Aber ich vermochte die Wichtigkeit bestimmter Prozesse gut zu erkennen, ganz einfach deshalb, weil ich sie mir bereits vorgestellt und getestet hatte, wenn auch bislang noch nicht in einem Rahmen wie hier und nicht in einem solchen Ausmaß.

Ich hatte mir also innerlich das Ehrenwort gegeben – mochten die Konsequenzen aussehen, wie sie wollten –, Wolfgangs Anleitungen bei dieser Übung zu folgen. Natürlich weder in blindem Gehorsam noch in blasser Auslegung seiner Worte, sondern als eine grundsätzliche und völlig eigenständige Erforschung meiner selbst unter Einsatz meiner intellektuellen Scharfsicht (und der damit verbundenen Kritikfähigkeit) sowie all des täglich angewandten NLP-Handwerkszeugs. Ich war also in ständigem innerem Dialog mit mir selbst, und der war weit davon entfernt, zu verschwinden oder auch nur an Intensität zu verlieren. Meine Entschlossenheit schien ihn eher noch zu stärken. Ich kannte dieses Gefühl schon, es trat jedesmal dann auf, wenn ich in eine Übung mit der inneren Einstellung hineinging, als ob es den nächsten Tag nicht mehr geben werde. Nichts wird mehr auf morgen verschoben oder auf gleich oder auf ein anderes Mal, alles wird hier und jetzt gesagt, verstanden, gelebt. Und dies, weil ich ganz einfach voll dabei bin, meine ganze Existenz auf diesen einzigen Punkt anstatt auf die Linie des Konditionalis und der Hypothesen zu bringen.

Gleich am Anfang erlebte ich mir gänzlich unbekannte und unglaublich heftige emotionale Schübe, und die der inneren Ökologie zugedachten Pausen wurden bald unerläßlich, um die von meinem Denkapparat ‚gestrickten‘ Widerstände zu bearbeiten. Nach und nach und mit Mühe versank ich in immer tiefere Gefühlswelten, denen ich sofort entflohen wäre, wären sie mir gleich zu Beginn präsentiert worden. Eine Art vierdimensionales Körpergefühl stellte sich ein, wobei sich die vierte Dimension dadurch auszeichnete, daß sie aus einer erstaunlichen Tiefe innerer Zustände heraus und begleitet von einer Beobachterposition mich in einen immer feiner werdenden inneren Abstand zu mir selbst brachte. Paradoxerweise wuchs gleichzeitig die immer wütendere Begierde, verstehen zu wollen, was hier abläuft. Das Ich verschwand fast vollständig hinter dem einfachen Beobachten der sich abspielenden Phänomene, begleitet von dem Gefühl, daß all dies eher jemand anders betreffe. Einfach ein mentales Feststellen, ein Sichwiedererkennen, ohne sich dabei zu spüren, und dann weiter zum nächsten Schritt, zur nächsten Feststellung.

Das Aufspüren der letztmöglichen Gefühle verlief nicht ohne Schwierigkeiten für den Intellekt: Kein ‚vernünftiger‘ Gedanke war mehr möglich, sie wurden alle kurzgeschlossen. Und nach und nach wurden aus meinen Widerständen Rebellionen und regelrechte Bürgerkriege: Bloß nicht mit der Übung weitermachen! Der Eindruck entstand, alles zu verlieren: die Grundlagen meiner Intelligenz, die innere Logik meines Erlebens, die in sich stichhaltigen Erklärungen, warum ich mein Leben so lebe, wie ich es lebe.

Jede Etappe wurde von meinem Denken so lange mit Widerständen blockiert, bis es letztendlich glaubte, mit den ihm eigenen Verständnis- und Gültigkeitskriterien zu ‚verstehen‘. Dabei kam es auf seine Kosten, und ich konnte *mich* vorübergehend wiederfinden und war froh darüber. Doch dann kam sofort wieder etwas in mir hoch, was man als ‚unvernünftige‘, unlogische, selbstmörderische Opposition bezeichnen könnte, die unwiderruflich die Substanz meiner Grundfesten, meiner Identität anbohrte. Koangleiche, unfehlbare und mit außergewöhnlicher Geschwindigkeit handelnde gedankenzerstörende Kräfte waren am Werk. Mir blieb nur das aufrichtige Weitermachenwollen, weil – und hier fing das große Staunen an – irgend etwas immer noch dachte, aber ohne Erklärungen zu suchen oder zu geben. Ich fand mich in einem den Denkvorgängen vorausliegenden Seinszustand wieder.

Eine Arbeit des Akzeptierens, ohne Kraftaufwand, fast mühelos, in meinem Zustand als Metasubjekt, in welchem ich mir der gewaltigen Kräfte bewußt bleibe, die sich irgendwo festzuhalten, an etwas festzumachen versuchen. Nach einer Weile der Eindruck, daß ich ganz bewußt und absichtlich den Ast absäge, auf dem ich sitze, ‚existiere‘, denke, analysiere. Das Gefühl, die Gewißheit eines Abgrunds, in dem mich das Un-Bekannte (selbst in diesem Wort ‚gibt‘ es nichts zu verstehen) erwartet; und ich klammere mich fest, indem ich darüber spreche, will mit den Händen, mit den Gedanken, mit den Erklärungen den sicheren Rand nicht loslassen.

Dann ein Blackout: gar nichts mehr, nichts im Kopf (und doch bin ich da), nichts an der Zimmerdecke, die ich betrachte, nichts nirgendwo. So, als genügte die Information sich selbst, ohne daran anschließende Empfindungen, Projektionen, Antizipationen, Gedankenkonstrukte zu benötigen; nur die Dinge als solche. Nichts vorher, nichts nachher. Nichts als Blick gewordene Existenz (nichts dahinter, hinter dem Blick), beim Hören, beim Gehen. Ein Zustand extremer Anspannung (wo?), ohne darüber nachdenken zu können oder zu wollen. Dieser innere Zustand dauerte während der Mahlzeit mit den anderen Teilnehmern an; nach dem Essen ging ich hinaus wie ein umherirrender Geist, der nirgendwo Halt hat. In dem Moment bat Wolfgang mich, mich hinzulegen, nur zu atmen, geschehen zu lassen: ‚Bleib ein paar Minuten dort liegen und mach überhaupt keine Anstrengung mehr, … kein Wille mehr, nichts, … und laß auch das noch los …‘

Die anderen arbeiteten in Untergruppen weiter, und ich blieb da liegen, sah und hörte ihnen zu. Dann kam Wolfgang zu mir zurück und fragte mich: ‚Haben sich die Dinge geändert? Was hat sich verändert?‘ Und gleichzeitig setzte sich das Denken situationsgemäß in Bewegung, wie eine Welle: ‚Nein, nichts hat sich verändert. Was hätte sich auch verändern können?‘ Gleichzeitig hörte ich, wie ich einen ganz anderen Satz sagte, und als er fertig ausgesprochen war, lag klar auf der Hand, daß dies die passendste Antwort war: ‚Es ist, als hätte sich alles verändert und die Dinge wären trotzdem gleich geblieben. Nichts hat sich wirklich verändert, aber alles ist anders.‘

‚Eine schöne Zenmeisterantwort‘, sagte Wolfgang. Ich erinnere mich, in dem Moment gedacht zu haben: ‚Zensatz, schön und gut; aber völlig hirnverbrannt. Vielleicht habe ich mich selbst konditioniert nach dem jahrelangen Warten?‘

Beim Aufstehen höre ich mich plötzlich denken: ‚Daran ist nicht zu rütteln: Der Satz enthält alles.‘

Ich setze mich hin und werde mir bewußt, daß etwas bewußt wird: kein Ich mehr. Und von diesem Augenblick an sind alle meine Bemühungen, dieses Ich, dieses Zentrum wiederzufinden, zum Scheitern verurteilt.

Dann: Das Bewußtsein bewußt zu sein, unergründbar.

Bewußtsein der Existenz außerhalb jeglichen Denkens.

Und keine Gedanken mehr, kein innerer Dialog mehr, keine Überlegungen, keine Ableitungen und kein Auffüllen des Bewußtseins mit Worten mehr. Und all das fühlt sich ganz natürlich an. Erst wenn ich denken *will*, stellt sich das Denken ein, und zwar reduziert auf seine einfachste Funktion, nämlich die des inneren Theoretisierens. Und nicht als Erfahrung von Realität.

Sonnenklar: Es gibt keine Realität im Denkvorgang!

Es gibt nur die *Idee* der Realität.

Die Gedanken scheinen gereinigt zu sein (vom Emotionalen?), freier, klarer, unmittelbarer, sofort einsatzbereit in jedem Moment. Sie erfassen auf den ersten Blick, gleichsam intuitiv, jede Frage sowie ihre Beantwortung, so als ob in jeder Frage die Antwort schon verkörpert wäre. All dies läuft ohne jegliche Schlußfolgerung oder Ableitung oder Zeitvorstellung ab, es scheint einfach zu passieren, im Jetzt. Und das Denken, das jetzt seinen eigentlichen Anwendungsbereich wiedergefunden hat, ist um ein Vielfaches gründlicher und schneller geworden.

All die Dinge, die ich anschaue, existieren nur deshalb, weil ein schöpferischer Prozeß sie in ‚mir‘ entstehen läßt, der dabei gleichzeitig ‚mich‘ ins Leben ruft. Das Gefühl, hier zu sein und gleichzeitig den Regen zu betrachten, sowie ebenso dort hinten in den Regentropfen an der Scheibe zu sein, und zwischen den Regentropfen ...

Die Überraschung hat's in sich: Wenn ich mir ein Haus anschaue, denke ich nicht ‚Haus‘. Der Gedanke ‚Haus‘ ist schon da, wo ich hinschaue. Das Haus und der Gedanke ‚Haus‘ befinden sich am selben Ort, und die Frage erhebt sich: Sind es wirklich zwei voneinander getrennte Dinge, *zwei* Dinge? Der Eindruck entsteht, daß ‚Außen‘ und ‚Innen‘, die Welt und mein Geist dieselben ‚Dinge‘ sind! Dieser Eindruck ist eine Evidenz, und noch mehr: bewußt zu sein, *zu sein*. Gleichzeitig durchschaue ich das ganze Spiel als augenscheinliche Illusion. (Ist hier überhaupt etwas festzustellen für den Beobachter? Kann es überhaupt eine Vorstellung geben, wenn der Zuschauer ‚verschwindet‘?) Ein regelrechtes chinesisches Endlosrätsel, das ich schnell vom Tisch fege.

Der Prozeß des Sichineinanderfügens des sich erkennenden, ‚andere‘ Dinge wahrnehmenden Seins hat zur Folge, daß alles anfängt, seltsam neu und unberührt auszusehen. Und dies begleitet von ungläubigem Staunen seitens des Intellekts. Ich kann gar nicht aufhören, den Teppich immer wieder zu entdecken, den Stein, den Regen, den Baum, den Himmel, die Vögel, die anderen. Eine

Wiederentdeckung *vor* den Sinnen und gleichzeitig *durch* sie. Trotzdem ist die Erinnerung daran, was all dies *vor* dem ‚Umkippen‘ bedeutet hatte, irgendwo in ‚meinem‘ Hirn gespeichert. Und wenn ich mich daran mache, das Gespeicherte mit dem zu vergleichen, was ich gerade erlebe, muß ich jedesmal von neuem loslachen. Die Abgeschmacktheit des Sichidentifizierens mit einem kleinen Teil, mit einer einzigen Funktion des ganzen Seins erscheint mir in dem ganzen Ausmaß ihrer Sinnlosigkeit und Lächerlichkeit.

Das ‚Lesen‘ der Welt findet jetzt unmittelbar statt, wie bei einer Direktübertragung, ohne daß all die Zutaten von Erziehung und Erlerntem zu Hilfe genommen würden. Wolfgang gibt mir einen Text zu lesen: Unmöglich, ihn zu entziffern, ich sehe nur Zeichen, die keinen Sinn ergeben. Da ich Spracherzieher bin, kommt mir Chomsky in den Sinn: Ich erlebe die doppelte Bedeutung der Worte Zeichen und Bezeichnetes. Die Buchstaben formen sich nicht zu Worten und schon gar nicht zu etwas Sinngebendem. Ich setze also etwas mühsam mein Erinnerungsvermögen in Aktion und stelle fest, daß einige der Worte einen Sinn ergeben, verliere aber schnell das Interesse daran, weil es mir doch sehr reduzierend und auch deplaziert vorkommt ...

Ich unternehme die Anstrengung, mir Fragen zu stellen: Zeit? Universum? Angst? Leben? Bei jedem dieser Begriffe wird mir sofort klar, wie sehr sein ‚Sinn‘ nur durch allgemein anerkannte Konventionen aufrechterhalten wird. Mit verwirrender Leichtigkeit gleite ich stromaufwärts und werde der Glaubenssysteme gewahr, auf denen diese Fragen ebenso beruhen wie die daraus resultierende logische Struktur. Sobald ich mich nicht mehr mit ihnen identifiziere, stelle ich fest, wie vollkommen wirkungslos dieser Frage-Antwort-Dialog ist.

Um ein einfaches Bild zu nehmen: Die Denkfähigkeit (die zu ‚normalen‘ Zeiten den größten Teil des Ich ausmacht) ist wie eine Lochumrandung, die versucht, das Loch zu definieren. Ich war in diesen Momenten nur noch Loch ohne Rand. Vernunftwidriger geht es wohl kaum noch. Sein ohne zu sein. (Das ‚ohne‘ ist schon zuviel!) Fleischgewordenes, die Vernunft verloren habendes, sich lebendes Paradox. Ich bin – dieses Sein ist *vor* dem Gedanken. Erstaunlich, wie sich Décartes' ‚Ich denke, also bin ich' umkehrt in: ‚Unter anderem bin ich und kann daran denken zu denken.'

Jemand kommt auf mich zu und fragt mich: ‚Wo bist du? Wer bist du?' Ich finde mich in der erstaunlichen Lage wieder, eine konzeptualisierte Frage beantworten zu sollen – bin ich doch getragen von der Evidenz der Nicht-Worte, der Nicht-Orte, der Nicht-Personen. Schließlich gelingt es mir, eine Attacke ins Herz der Frage zu lancieren: ‚Du bist, weil du glaubst, daß *du* existierst.' Doch sofort weiß ich auch, daß ich die Evidenz meines Erlebens nicht durch eine vernünftige Antwort mitteilen kann. Deshalb entsteht in mir der Eindruck, mit meinem Gesprächspartner ein bezugloses Streitgespräch zu führen. So als ob ich einem Bogenschützen das Schießen beibringen wollte, indem ich ihn darauf ansetze, nach hinten zu zielen. Da sind die Erfolgsaussichten gleich null. Aber der Versuch erscheint mir trotz allem sinnvoll, obwohl dies für mein Gegenüber eher mühevoll ist. Jedenfalls lache ich aufgrund der sich ergebenden hahnebüchenen Mißverständnisse, bis mir die Tränen kommen.

Zur gleichen Zeit bemerke und verstehe ich, welche Kraft in unserem Ur-Credo steckt, das uns unsere Existenz als so beengt, als so von allem abgetrennt erleben läßt. Ich erlebe die Geburt des Egos in mir, das sich aus sich selbst heraus in dem Moment erschafft, da es sich mit seinem Weltbild identifiziert, mit seiner begrenzenden und auf Hypothesen beruhenden Repräsentation. Und dies alles, damit es sich als Ich spürt.

Das Wort Rose sticht nicht, das Wort Hund beißt nicht, und ich würde hinzufügen: das Wort Ich existiert nicht. Dennoch kann man so tun, als ob es auf etwas Wirkliches hinweise, wenn man dabei beachtet, daß es nur auf sich selbst hinweist: ein Gedanke über ein Geräusch, von einem Mund gemacht, in dem sich ein durchlöchertes Konzept bildet ... Man sollte das tun, was man täte, wenn man sich in einer sich drehenden Tonne totgelaufen hätte: Bloß weg von hier, sonst fängt der Kadaver noch an zu stinken. Wer würde sich so einen zum Freund erwählen, und das noch ein ganzes Leben lang?

Wenn man dann das Wort ‚ich‘ in den Mund nimmt, ist es so, als ob man dem Kadaver wieder Leben einhauchen würde. Es wäre schon mehr als eine existentielle Dummheit, wenn ‚ich‘ jetzt so weitermachen würde, da ich die gut geölte Mechanik des ‚Ins-Leere-Laufens‘ kenne.

Das erinnert mich an die Mathematikstunden in der Schule. Der Lehrer ging von einem wie auch immer definierten X aus und leitete daraus die Hypothesen ab, damit X ein Axiom wird (oder Ur-Postulat, Ur-Vorannahme, wie es Stephen Jourdain formulieren würde). Das kann man so machen. Aber wozu ist es gut, sich für ein ‚wie auch immer geartetes‘ X zu halten, in der festen Überzeugung, daß es *eine* bestimmte Zahl repräsentiert? Die Idee Zahl befindet sich *vor* einer solchen Ableitung. Kann man eine Beziehung zur Zahl herstellen, indem man sich mit der Verallgemeinerung ‚wie auch immer geartet‘ abgibt? Kann man die Gattung Hund zum Bellen bringen? Wie kann man die Gattung Ich zum Leben erwecken? Indem man – unter anderem – den Worten glaubt, die nichts als Gattungsworte sind, die ihrerseits wieder Wortgattungen repräsentieren.

Vielleicht nahm ich deswegen die Worte und die Sätze, die ich hörte, wörtlich. Ich war wie die Kinder, die ich manchmal (während der Therapie) bat: ‚Sag doch was!‘ und die dann ‚doch was‘ antworten.

Als die Nacht hereinbrach, und da ‚ich‘ ‚mich‘ nicht in ‚mir‘ wiederfand, stand das Beobachten der neuen Gefühle im Vordergrund (nicht wirklich neue Gefühle, sondern Gefühle, die, während sie auftauchen, wieder zu ihrem Ursprung zurückkehren), und ich wartete mit Spannung aufs Einschlafen und aufs Aufwachen am nächsten Morgen.

Seltsames Gefühl, nichts wachte auf.

Seltsamer Eindruck vor dem Spiegel, wo sich das widergespiegelte Bild als verwirrende Halluzination in der Potenz $n+1$ der Gattung Ich präsentiert.

Ich habe mein Ich etwa zehn Tage später wiedereingefangen, doch hatte sich während dieser Zeit (die Gattung) meine(r) innere(n) Architektur, (die Gattung) mein(es) Geist(es) verändert. Und auch dies ist ein Glaubenssatz, der weder Gestalt noch Substanz besitzt außer denen, die ich ihm einflöße, wenn ich daran glaube. Nur ein bißchen Dampf, würde Stephen Jourdain sagen, ja-nein (gleichzeitig) würde Wolfgang sagen, mit einem schelmischen Blick in den Augen."

Kapitel IV

Der essentielle Wert –
die Art, wie sich das Unnennbare
in jedem Menschen ausdrückt

Kriterienermittlung im NLP

Eine wichtige Etappe der NLP-Ausbildung ist das Studium der Kriterien oder Werte, nach denen wir unser Leben gestalten. Kriterien[24] sind Überzeugungen, die uns zu bestimmen erlauben, warum uns etwas wichtig ist oder warum uns etwas die Mühe wert ist, uns dafür einzusetzen. Kriterien nennen wir auch die Normen, die Werte und die Charakteristika, anhand derer wir unsere Erlebnisse und Erfahrungen bewerten und einschätzen. Unser Handeln ist im allgemeinen Resultat der Anwendung unserer Kriterien. Anders ausgedrückt: Wie ich mich verhalte und wie ich handle, das hängt von der pyramidenförmigen Hierarchie meiner Kriterien ab; wenn ich zwischen zwei oder mehr Alternativen entscheiden muß, ziehe ich meine Kriterien zu Rate. Dasjenige Kriterium, das in der Hierarchie den höheren Platz einnimmt, wird für meine Entscheidung und für die Richtung bestimmend sein, in die mein Handeln gehen wird.

Beispiel:

Georg ist Lehrer. Die Hierarchie seiner beruflichen Kriterien stellt sich wie folgt dar:

1) Sich mit den Schülern gut verstehen

2) Objektive Noten geben

3) Seinen Lebensunterhalt verdienen

4) Sich mit Kollegen und Vorgesetzten gut verstehen

5) Sich mit den Eltern der Schüler gut verstehen

6) Gut vorbereitet in den Unterricht gehen

Das Hauptkriterium für Georg ist es, sich mit seinen Schülern gut zu verstehen. Nun gibt es bei Kriterien generell auch noch die Unterscheidung zwischen unerläßlich und fakultativ: Unerläßlich nennen wir ein Kriterium, wenn seine Nichterfüllung uns dazu ver-

---

[24] Das griechische „kritérion" stammt von „krínein" = scheiden, (ein)teilen, sortieren, trennen; entscheiden, unterscheiden, (be)urteilen, klassifizieren, auswählen.

anlaßt, die Situation zu verändern; fakultativ, wenn es uns dazu nicht veranlaßt. In Georgs Beispiel sind das erste und das vierte Kriterium unerläßlich. Konsequenz: Gelänge es ihm aus irgendeinem nicht mehr, guten Kontakt mit seinen Schülern zu wahren, oder hätte er ständig Reibereien mit den Kollegen, so würde er um Versetzung bitten.

Alle anderen Kriterien sind fakultativ; das heißt, Georg würde wenn eines von ihnen nicht erfüllt wäre – weiterhin seiner Arbeit nachgehen, wenn auch mit weniger Freude an der Sache.

Auf diese Weise können wir der Kriterienhierarchie aller unserer Lebenskontexte gewahr werden, sei es im Bereich der zwischenmenschlichen Beziehungen, bei Freizeit und Hobby oder im Bereich der persönlichen Weiterentwicklung. Man kann sogar feststellen, welcher Bereich im Leben eines Menschen der wichtigste ist; für manche Leute ist etwa der zwischenmenschliche Bereich wichtiger als der berufliche, oder umgekehrt.

Die jeweilige hierarchische Anordnung der Kriterien ist nach und nach entstanden und kann sich ändern. Dies kann durch Einsatz von NLP-Techniken oder durch bestimmte Situationen im Leben geschehen, wie etwa durch einschneidende Begegnungen oder Ereignisse.

Je höher ein Kriterium in der Hierarchie angesiedelt ist, desto stärker treibt es zur Aktion. Anders ausgedrückt: Je mehr eine Handlung von einem hochplazierten Kriterium bestimmt ist, desto stärker ist die sie bestimmende Motivation und Durchsetzungskraft.

Das Aufdecken des uns allen innewohnenden essentiellen Wertes

An dieser Stelle ist es zunächst einmal wichtig festzustellen, daß im Vergleich zum letzten Abschnitt nun ein Wechsel der logischen Ebenen nötig ist: Kriterien befinden sich auf der funktionellen, der essentielle Wert auf der existentiellen Ebene.

Stellen Sie sich vor, Sie konfrontieren sich mit der folgenden *Frage:* „Was will ich wirklich aus tiefstem Herzen?" Und sie gehen dieser Frage auf den Grund, bis nur *eine* Antwort übrigbleibt, die alle anderen Antworten beinhaltet; eine Antwort, in der es nicht um Glücklichsein, Wohlbefinden etc. geht. Worauf stoßen Sie bei dieser Suche?

Zunächst werden Sie wahrscheinlich alle Bereiche des inneren Dialogs durchforsten, Erinnerungen werden wachgerufen werden, bis Sie schließlich mit einem ganz besonderen inneren Zustand in Berührung kommen, mit einem, der nicht mehr von den störenden Ausflüssen Ihres Denkapparates beeinträchtigt wird. Diese tiefgehende Erforschung kann Sie so weit führen, daß Sie die Antwort auf folgende Fragen finden: „Wer bin ich? Wozu bin ich hier? Was ist meine Rolle im Leben? Meine letztendliche Bestimmung? Meine eigentliche Berufung?"

Dorthin zu gelangen ist das Ziel der von mir entwickelten Übung „Der essentielle Wert" (vgl. auch S. 22), die den jedem Menschen innewohnenden ureigensten Wert zum Vorschein bringt. Wer diese Übung macht, der erfährt sozusagen ein „Mini-Satori", nämlich das Heurekaerlebnis, sich in seinem tiefsten Innern wiederzuerkennen: Ihm enthüllt sich ein bislang ungenutztes Potential, das mit ihm zur Welt kam und das nur darauf wartet, aufgeweckt zu werden, um in allen Lebensbereichen aufblühen zu können.

Manche finden ihre eigentliche Berufung, andere eine Antwort auf ihre Frage „Warum bin ich geboren?", wieder andere bekommen eine Vorahnung davon, was die letztendliche Erfüllung ihres Lebens ist.

Man kann diese Übung *vor* dem Ausgraben des Ur-Credos machen. Üblicherweise wird das Aufdecken des essentiellen Wertes zunächst als eine große Freude der Selbstentdeckung erlebt, die dann aber in eine Frustration übergeht, weil der essentielle Wert noch nicht dauerhaft, das heißt in jedem Moment gelebt werden kann. Dies liegt daran, daß das Ur-Credo ihn in Schach hält.

Im Bereich der Repräsentationen sind die Kriterien hierarchisch angeordnet und abhängig von den jeweiligen Bedürfnissen der Identität. Es versteht sich von selbst, daß wir hier eine gute, das heißt den Umständen angemessene Organisation anstreben, damit unser Leben möglichst reibungslos abläuft und wir jederzeit in der Lage sind, richtige Entscheidungen zu treffen. Aber auf der vorsinnlichen Ebene erleben wir eine vollständige Enthierarchisierung der Werte: Alles hat in dieser zeitlosen Wahrnehmung dieselbe Wichtigkeit, alles hat seinen Daseinsgrund, in der Nichtdualität gibt es nur JA. Alle existentiellen Fragen finden ihre Antwort im essentiellen Wert. Wenn er unser alltägliches Leben prägt und bestimmt, verschwinden sowohl die Fragen als auch die Antwort.

Kriterien	Essentieller Wert
logische Ebene des Funktionellen	logische Ebene des Existentiellen
erlernt	angeboren
hierarchisch geordnet	enthierarchisiert
Motivation, Wille	Pflichterfüllung
Eigennutz	Berufung
„Ich weiß, was ich will."	„Ich weiß, wer ich bin."
Freude des Tuns	Freude des Seins
zielgerichtet	handlungsgerichtet
Vergangenheit/ Gegenwart/Zukunft	zeitlos
Reaktion	Verantwortung

Jeder Mensch unterscheidet sich genetisch vom anderen, und genauso verhält es sich auch mit dem essentiellen Wert.

Wenn ein Mensch lebendiger Ausdruck seines essentiellen Wertes geworden ist, so hat das weitreichende Konsequenzen für sein Leben: Der Kontakt mit seiner innersten Berufung ist nun hergestellt, und er erfährt ganz wie von selbst, wie es ist, voll und ganz zu sich und seinen Handlungen zu stehen. Im Gegensatz zu den Kriterien, die uns motivieren oder demotivieren können, brauchen wir auf der Ebene des essentiellen Wertes solche Stimulanzen nicht mehr: Jemand, der sein Leben aus diesem Wert heraus gestaltet, erfüllt die sich ihm stellenden Lebensaufgaben, ohne (sich) Fragen zu stellen. Ob er möchte oder nicht, ob er motiviert ist oder nicht, das steht hier nicht zur Debatte.

Das Aufdecken des essentiellen Wertes ist ein zentrales Geschehen im Leben, ein direkter Zugang zum Herzen unserer menschlichen Natur: ein energiegeladenes, schicksalhaftes Ereignis, das zeitweise alle bisher als wichtig empfundenen Kriterien relativiert und sie als das entlarvt, was sie sind, nämlich Dienstboten unseres Eigennutzes*. Die Bewußtseinsebene, zu der der essentielle Wert uns Zugang verleiht, ist nicht nur die des Sich-selbst-Wiedererkennens, sondern des Wiedererkennens der Existenz als solcher, des Lebens, der Schöpfung. Wir erleben das Sichvereinen des persönlichen essentiellen Wertes mit der Bestimmung des Ganzen in einer freudig-demütigen inneren Haltung. Die persönliche Motivation verwandelt sich in existentielles Pflichtgefühl. Diese Pflicht wird keinesfalls als Einschränkung erlebt, sondern eher als eine ganz natürliche Gewißheit: eine nicht einengende, keine Gegenleistung erwartende Verbindlichkeit. Was übrigbleibt, ist eigennutzfreies Handeln.[25]

---

25 Das Entdecken des essentiellen Wertes verstärkt nicht den Einfluß der trennenden Identität, im Gegenteil, es vermindert ihn. Wir sollten nicht den Fehler begehen, den essentiellen Wert mit einer neuen Identität zu verwechseln, die sich, wie es manchmal geschieht, in exhibitionistischer Weise in Szene setzen würde. Der essentielle Wert proklamiert keine neue Ideologie, er wirkt in der Intimität des Seins mit größter Diskretion. [Fortsetzung nächste Seite]

Dank unserer Identität können wir im Leben Erfolg haben; dank unseres essentiellen Wertes können wir unser Leben erfolgreich leben.

Metaphorisch gesprochen: Der essentielle Wert verbrennt das agierende Ich auf dem Scheiterhaufen. Das wie Phönix aus der Asche wiederauflebende Ich wird zum ergebenen Diener seiner Seinspflicht. Als „Belohnung" dafür leben wir in der Überfülle des Augenblicks: Wir genießen die Blätter am Baum, die strahlende Natur des Nachbarn, die Begeisterung über die Ideen, die unser Geist gebiert.

Stephen Jourdain beschreibt das in seinem unveröffentlichten Manuskript *Auto-Portrait d'une Evidence* wie folgt [S. 157; Übersetzung: W. B.]:

> „Ein Loch im unendlichen Geflecht der Intellektualisierungen.
>
> Das Wort Mensch. Das Wort Ich.
>
> Plötzlich, im klarsten Wachzustand, aufgewacht.
>
> ‚Nur ein reiner Gedanke = Nichts!!!'
>
> Adieu, Baum der Erkenntnis.
>
> Meine Essenz ist dies: Ich bin nicht auf meine Essenz reduzierbar.
>
> Ich erkenne mich wieder im unauslotbaren Mysterium der persönlichen Existenz.
>
> Ich bin Präzision.
>
> Plötzliche Kehrtwendung der Schöpfungsstrategie des Seins, die plötzlich anfängt, sich in menschliche Eigenschaften zu ergießen (und nicht mehr nur, wie vorher, in den Menschen als solchen).

Wenn wir einen Einblick in die Dimension der Seinspflicht bekommen, wird die trennende Identität vorübergehend aufgehoben. Ich habe in meinen NLP-Kursen festgestellt, daß die Bearbeitung des Ur-Credos einfacher wird, wenn der essentielle Wert bekannt ist.

Wahrhaftige Geburt des Subjekts inmitten all seines schöpferischen Schaffens.

Das Individuum kommt heim, ins Zentrum seiner Gattung.

Funkensprühende Selbstkollision.

Ein kleiner Kerl in Gold verwandelt.

...

Diese ‚Farben‘ ...

Sie sind die eigentliche Natur aller Dinge. Wer ihnen nicht begegnet ist, hat überhaupt nichts gesehen; und der Unwissende wird bald daran gehen, sie sich als Effekte einer Ursache vorzustellen, sie einem Gott zuordnen – sie sind der metaphysische Urschlamm, der fabulöse Anfang von allem, sie sind vor jeder Schöpfung und vor allem, was nicht geschaffen wurde. Ihre unendliche Vielfalt gefällt Ihnen nicht? Dann sterben Sie bitte in Einfalt.

Sie sind es, die die persönliche Existenz ins Leben gerufen haben, sie haben das Menschliche erfunden, sie haben *mich* erfunden. Ihre unendliche Legion wohnt in *mir*, ist in *mir* entstanden. Und ich soll mich darum kümmern, ihnen einen Chef zuzuordnen!

Diese ‚Farben‘ sind der Urgrund aller Dinge. Sie greifen auch in die Dinge ein; sie sind die wertvollsten Instrumente, die es gibt. Durch sie wurde *jetzt* die Schöpfung erschaffen; sie sind gleichzeitig Initiatoren, Mittler und Substanz der irdischen Welt. Als die Schöpfung entstand, griffen sie *jetzt* ein, indem sie die ersten Symbole in ihrer Entstehung unterstützten. Eine ihrer weiteren Funktionen ist es, dem Menschen, der Seele des Menschen zu erlauben, sich fehlerlos zu lesen und damit zur Perfektion des Seins aufzusteigen, zum Absoluten: Sie sind Symbole, perfekte Zeichen.“

Yunus Emre, islamischer Mystiker und Poet, beschreibt die gleiche Erfahrung in *Le Livre de l'Amour Sublime* mit diesen Worten [Übersetzung: W. B.]:

„O meine Freunde, ich kann euch nicht sagen,
wohin mein Sein verschwunden ist
und alle Worte mitgenommen hat,
ich kann es euch nicht sagen,
aber der, der von meinem Herzen Besitz ergriffen hat.

Jenseits der Worte befindet sich mein Herz,
der Verliebte gibt von ganzem Herzen
Liebe, die der Wind gesandt hat.
Was ist geschehen? Ich weiß es nicht.

Die nichts von ihr wissen,
von dieser Liebe, die unter ihr leiden,
die sich weigern, ihr zu vertrauen,
sagt nichts Schlechtes über sie.

Lachendes Weinen ist für den Verliebten,
für den Verliebten ist Leben gleich Sterben.
Das Gute und das Schlechte sind ein und dasselbe,
Betrübtsein wird ihn nicht erreichen.

Da, wo sich Sprache erfüllt,
da, wo das Wort Fleisch wird,
spricht immer nur Er
in Weisheit, Weg und Liebe."

Erfahrungsberichte

Vorbemerkung

Die bereits in der Vorbemerkung zu den Erfahrungsberichten über den Ur-Credo-Prozeß dargelegten Überlegungen (S. 95) gelten auch für die folgenden Berichte über die Übung „Der essentielle Wert".

Im Unterschied zum Ur-Credo-Prozeß gibt es hier eine klar geordnete Vorgehensweise, die sich in wenigen Sätzen zusammenfassen läßt. Gleichwohl möchte ich sie nicht abdrucken. Wenn Sie als Leserin oder Leser zu Hause alleine versuchen, diese Übung zu machen, werden Sie mit größter Wahrscheinlichkeit nicht auf ihren essentiellen Wert stoßen, sondern auf etwas Ähnliches, das aber nur sehr schwer als nicht das Eigentliche zu entschlüsseln ist. Es erscheint mir unmöglich, ans Ziel der Übung zu kommen, wenn man nicht beim ersten Mal von jemandem begleitet wird, der sie schon selbst durchlaufen hat. Nur ein Außenstehender kann (an der Kalibration) erkennen, ob die Übung beendet ist. Das liegt daran, daß der oder die Übende selbst am Ende viel zu sehr von sich selbst absorbiert ist, als daß er (sie) sofort erkennen könnte, ob er (sie) seinem (ihrem) essentiellen Wert auf die Spur gekommen ist. Auch mit Unterstützung der Gruppenenergie eines Seminars kann es mehrere Stunden dauern, bis man ans Ziel gelangt.

Thomas, Landwirt

„Das Wochenende, an dem wir am Aufdecken des essentiellen Wertes arbeiteten, war für mich die erste bewußte Begegnung mit einer grundlegenden mentalen Funktion: mit dem SEIN, das mir bis zu diesem Zeitpunkt gänzlich unbekannt war.

Ich war überrascht, daß es in meinem Innern eine mentale Struktur gibt, die schon von jeher – ohne daß ich davon wußte – meine Gedanken und meine Handlungen definiert und beeinflußt hatte.

124

Das bewußte Fühlen des essentiellen Wertes steigerte nach und nach erheblich mein Selbstvertrauen. Es wurde zur wichtigsten Angelegenheit in meinem Leben, begleitet von sehr angenehmen Empfindungen, wie ich sie ebenfalls noch nicht kannte. Nach diesem ersten Anpirschen an den essentiellen Wert habe ich zum ersten Mal meine Handlungsabläufe des täglichen Lebens bewußt strukturiert und bin zielbewußt vorgegangen. Zwei Fragen wurden mir besonders wichtig: ‚Wer bin ich? Entspricht mir das, was ich mache?‘

Nicht nur, daß ich von diesem Zeitpunkt an selbstbewußter an alles heranging – meine vom Sein bestimmten Repräsentationen wurden immer mehr die treibende Kraft in mir. (Ich hatte meinen essentiellen Wert SEIN genannt.) Immer bewußter war ich in der Lage, mir etwas zu erlauben, was über innere angenehme oder unangenehme Zustände hinausging; dies lief zuerst noch auf einer vorbewußten Ebene ab.

Im täglichen Umgang konnte ich sowohl bei mir als auch bei meinen Mitmenschen die Allgegenwärtigkeit dieser ‚Urprogrammierung‘ erkennen. Das war eine Bestätigung dessen, was ich an diesem Wochenende erlebt hatte. Außerdem machte ich mir das im NLP gelernte Ankern zunutze, um diese ‚Urressource‘ bei anderen zu ankern. Im Zusammensein mit anderen – besonders in Situationen, in denen ich anderen psychologische Hilfestellungen geben konnte – wurde das neu Gelernte zu einem gut funktionierenden Werkzeug. Meine Fähigkeiten, anderen zuzuhören und ihnen meine ganze Aufmerksamkeit zu schenken, erweiterten sich zusehends. Da ich mich selbst besser verstand, verbesserte sich auch meine Kommunikation mit anderen.

Durch das bewußte Aufdecken meines essentiellen Wertes konnte ich fragwürdige persönliche Entscheidungen mental kurzschließen, indem ich mich fragte: ‚Entspricht mir das wirklich?‘ Dadurch konnte ich meine Energien viel gezielter und effektiver einsetzen.

Heute, Monate später, erlebe ich den essentiellen Wert noch einmal anders. Nachdem ich ihm während der NLP-Ausbildung erstmalig auf die Spur gekommen war, konnte ich einen mein Ego auf unerwartete Weise stärkenden Effekt beobachten: Es war, als ob ich mit einer ‚Superressource‘ ausgestattet worden wäre. Ich war mir desjenigen bewußt geworden, was ich zu sein glaubte. Ich fühlte eine sehr tiefe Bestätigung meiner selbst.

Seit dem drei Monate nach dem Aufdecken des essentiellen Wertes durchlebten Ur-Credo-Prozeß habe ich auch noch der letzten Beschränkung abgeschworen – neben den natürlich selbstgeschaffenen oberflächlichen Limitationen –, die mich daran hindert zu *sein*: Es sind die Momente, da ich *denke*; Momente, da ich denke zu *sein* – aber ich *bin* dann nicht mehr.

SEIN – die Dimension des Unnennbaren.

Wenn ich in Form von Kriterien an den essentiellen Wert denke, wird meine sinnliche Wahrnehmung wie eine beschlagene Scheibe: Irgendwie kommt es dazu, daß sich Wasserdampf auf der Scheibe absetzt, aber er kann niemals das ganze Wasser repräsentieren, das sich in der Umgebung der Scheibe befindet, noch alles Wasser, das in der gesamten Atmosphäre ist. Trotzdem kann der Beschlag als kondensiertes Wasser dienen und notfalls den Durst löschen, zum Beispiel jemandem, der sich in der Wüste aufhält und nachts das dank der niedrigen Temperaturen sich bildende Kondenswasser sammelt.

Heute kann ich die Repräsentationen des SEINS erkennen und als konstruierten Ersatz entlarven. Dadurch lösen sich Ur-Credo und auch essentieller Wert auf, sie verschwinden. Ich habe immer mehr den Eindruck, daß meine ‚Lebensgestaltung‘ aus einer Leere entsteht, die sich im Nirgendwo befindet: Die Dinge ergeben sich, entwickeln sich, ... ich bin imstande, immer mehr zu SEIN und das Eigentliche zu leben.“

Christiane, Französischlehrerin

„Ich war über die Schwierigkeiten erstaunt, die mir diese Übung machte. Was mir besonders schwerfiel war, daß ich die Antworten in den hintersten Ecken meines Seins suchen mußte und daß ich relativ lange Zeit brauchte, um sie zu finden. Der ganze Prozeß war von erheblicher innerer Anspannung begleitet.

Dieser Eindruck, auf ‚Hochtouren‘ zu laufen, hörte in dem Moment ganz plötzlich auf, als ich in Worte fassen konnte, was ich soeben entdeckt hatte: meinen essentiellen Wert; wie etwas, was auf der Hand liegt, hatte ich ihn mit ganzer Kraft bejaht.

Dank der Hilfe der anderen konnte ich in einem Satz das ausdrücken und objektivieren, was bislang ein in mir verborgenes und doch sehr bekanntes Gefühl war: ein Gefühl der Freude und der Öffnung beim Wiederentdecken dessen, was ich paradoxerweise im tiefsten Inneren bereits wußte; Begegnung mit mir selbst, im Zentrum der Welt; plötzliche Umkehr dieser Bezauberung, die mich bislang in ihrem Spiel nach außen gestreckt, gedehnt, bis an die Grenzen des metaphorischen Universums gezerrt hatte und die sich nun wie eine losgelassene Sprungfeder entspannte, auf sich selbst zurückschnellte, sich in ihrem Zentrum mit einer unerhörten neuen Kraft sammelte und mir dabei das Herz meines Wesens enthüllte.

Die Begegnung mit meinem essentiellen Wert hat einen unauslöschlichen Eindruck in mir hinterlassen; wenn ich heute daran denke, erkläre ich mir das so: Mein Denken und Fühlen sind bei dieser Entdeckungsreise genau den Gesetzen von Fortschritt und Beschleunigung gefolgt, die die Dynamik der Lebensenergie regulieren. Wenn die Welle am höchsten ist, sucht sie nur noch im eigenen Innern Halt, bevor sie ohne äußeres Zutun bricht; Ein- und Ausatmen des Lebens; Entsprechung und Vereinigung der Gegensätze.

Je mehr ich den mir vorbestimmten Platz hier auf der Erde einnehme, desto tiefer bin ich mit dem Zentrum des Universums verbunden.

Mein Auftrag war also, einfach nur die zu sein, die ich schon war, in jedem Moment, auch in denen, die das allernormalste Alltagsleben ausmachen. Jedesmal, wenn ich an diesen essentiellen Wert denke, empfinde ich Freude und Frieden in mir. Ich habe vor kurzem die Übung noch einmal gemacht und festgestellt, wie sehr sich mein essentieller Wert vereinfacht, entmystifiziert und vermenschlicht hat. Ich bin ich, ein menschliches Wesen mit all seinen Eigenschaften. Ich spiele also die Rolle ‚ich‘. Dabei funktioniert ‚ich‘ im wesentlichen gewohnheitsmäßig. Ich muß deshalb dauernd überwachen, welche Rolle ‚ich‘ spielt. Vor allem muß ich nachsichtig mit mir sein, mir mein ganzes Mitgefühl geben.“

Christian, Elektrotechniker

„Den essentiellen Wert zu fühlen vermittelt eine übergroße Freude, eine Ruhe, eine Ausgeglichenheit, inneren Frieden, ein Akzeptieren der Welt, wie sie ist; er ist wie eine unangreifbare Kraft der Liebe und Verbundenheit mit dem ganzen Universum, mit anderen. Wie sie zu sein und doch verschieden von ihnen – diese Entdeckung ist für mich wie ein Leuchtturm in der Dunkelheit, ein Wegweiser. Eine Evidenz, die wie Schuppen von den Augen fällt und in die Richtung unserer Verwirklichung weist: ‚Warum gibt es mich?‘ Man sollte so viel wie möglich mit diesem Wert leben.

Seit ich mir meines essentiellen Wertes, dieses Ozeans der Freude, bewußt geworden bin, arbeite ich an der *Frage:* ‚Wie kann ich ihn verwirklichen?‘ Seine Verwirklichung ist noch durch das Ur-Credo gebremst, welches ihm im Weg steht. Mein essentieller Wert ist es, uneingeschränkte Liebe mit anderen zu teilen, und nach einer ersten Phase des Entdeckens bin ich zur Zeit dabei zu lernen, den anderen zu akzeptieren.“

Gérard, Ausbilder

„Die Arbeit an den Kriterien hat mich wieder in mein Zentrum gebracht. Mit meinem essentiellen Wert in Kontakt zu kommen hat ein ganz neues Licht auf mein Leben geworfen. Ich habe das wie einen Reinigungsprozeß erlebt, der heute noch andauert. Ich kann, was den Einfluß auf mein Leben angeht, nicht sagen, ob die Arbeit am essentiellen Wert oder die am Ur-Credo entscheidender war. Beide haben in gleicher Weise dazu beigetragen, daß mein Leben sich in eine neue Richtung bewegt.

Seither sind existentielle Fragen in den Vordergrund gerückt, begleitet von immer weniger Antworten. Die Erfahrungen anderer bringen mich da nicht weiter, selbst wenn sie mir manchmal als Hinweise dienlich sind.

Mich öffnen, Breschen schlagen – das sind die Worte, die noch am besten ausdrücken, woran ich zur Zeit arbeite. Aber ist es eine Rüstung, die abfallen wird, um mich mit allem zu vereinen, oder ist es die Bresche, die mir den Zugang zu meinem inneren Sein öffnen wird, das sich in der Rüstung befindet?

Ich habe den Eindruck, daß ich auf eine Implosion zusteure; ich werde wie der verlorene Sohn wieder nach Hause zurückkehren. Um was zu finden? Ich weiß es nicht. Mein Leben ist ein großes Zweifeln, Unsicherheit. Dies erlebe ich wie eine Befreiung, mir geht es seit einigen Monaten besser als je zuvor. Die Beziehungen zu anderen sind anders geworden; ich bin viel respektvoller, weil ich ihnen die Freiheit zugestehe, ihr Leben nach ihren Vorstellungen zu gestalten.

Ich beobachte mich oft in den verschiedensten Rollen, die ich im Laufe des Tages spiele. Dieses soziale Rollenspiel, das gelebt werden muß, ist aber ohne größere Bedeutung für mich. Das hier Niedergeschriebene empfinde ich als oberflächlich, es macht ja eigentlich nur Sinn für mich. Für andere kann dies allenfalls zu noch mehr Repräsentationen führen; also weder für mich noch für andere von Interesse.

Das Leben in Worte zu fassen ist eine schwierige Übung, vor allem, wenn niemand gegenüber ist, der Worte in mir stimulieren könnte.

Ja, die Begegnung mit NLP – aber mehr noch die mit dem Ausbilder – war der Beginn einer wichtigen Etappe in meinem Leben; aber wen könnte das schon interessieren?

Worte sind Täuschungen! Das wird mir besonders deutlich, wenn ich daran zurückdenke, was mir über die NLP-Ausbildung vor Beginn alles erzählt wurde, und wenn ich das vergleiche mit dem, was ich später erleben sollte; niemand wäre jemals dazu imstande gewesen, es mir vorher zu beschreiben, ... zum Glück ... Das Leben *ist*.

Was mich zu der Frage führt: ‚Was steckt eigentlich hinter all dem, was passiert ist und was weiterhin passiert?‘ Der essentielle Wert ist sicher die Hauptantriebskraft, vor allem, wenn er mit dem Ur-Credo konfrontiert wird. Aber was hat es wirklich auf sich mit dem Ur-Credo? Existiert es überhaupt?

Es scheint, als ob es im gleichen Maße sowohl notwendig fürs Leben als auch ein Hindernis ist."

Serge, Psychotherapeut und Spracherzieher

„Eine auf ersten Blick simple Übung, aber sehr überraschend, was ihren Aufbau angeht und was die Erkenntnisse angeht, die ich durch sie gewinne.

In Wirklichkeit ist das eine Ohrfeige, die mein Bewußtsein mir versetzt: Ich entdecke etwas wieder, das immer da war, ohne daß ich mir seiner Gegenwart bewußt gewesen wäre, und das ich seit so langen Jahren suche und nochmals suche! So, als fände ich voller Überraschung einen nahen, lieben Freund wieder, der da gerade vor mir steht und den ich seit vielen Jahren überall gesucht habe, überall, nur nicht hier bei mir, in mir. Dieser innere Schock schließt mir nicht die Augen, sondern öffnet sie mir: Ich bemerke endlich den eingefahrenen Mechanismus, der mich mir selbst aus dem Weg gehen ließ. Gleichzeitig tauche ich in dieses ‚innere Ich‘ ein, in die Quelle meines alltäglichen Ich. Ich erkenne und entdecke mich wieder, in dem Begriff SEIN, und dahinter fühle ich mein Wesen mit seinem ganzen Seinsdrang – als menschliches Wesen, das sich just in diesem Moment mit dem Drang vereint – sowie die unerklärliche Notwendigkeit, auf diese Verpflichtung zu antworten.

Alle Aspekte meines Lebens fühlen sich übrigens angesprochen, alles ist davon durchdrungen. Alles führt mich darauf zurück, sogar die ‚negativen‘ Ereignisse. Dennoch kann ich nicht sagen, daß es eine klar definierte, logisch strukturierte Verpflichtung ist. Es ist vielmehr wie ein Dreieck, das sich plötzlich seiner drei Ecken bewußt wird und erkennt, daß es gar nichts anderes sein kann. Die drei Ecken ‚verpflichten‘ es, ein Dreieck zu sein. Es gibt keine (falsche) Wahl in diesem Bewußtwerdungsprozeß, nur ein wirkliches, verstehendes, sich selbst widerspiegelndes Akzeptieren.

Im täglichen Leben habe ich dann gelernt, mich auf mich selbst zu beziehen; die Bilder und die Wünsche der anderen sind eben die der anderen. Was ihre Repräsentationen angeht, so ist bei mir nichts zu holen. Dabei werde ich mir meiner eigenen Repräsentationen gleich mit bewußt, vor allem des Abgrunds, der diesen Wert von den in meinem Leben vorherrschenden Repräsentationskreationen trennt.

Es gibt eine Ressource in mir, zu der ich fast ununterbrochen Kontakt habe und die aus sich selbst heraus handelt. Und ich habe immer deutlicher den Eindruck, daß wir alle ‚aus derselben Fabrik‘ stammen, so verschieden unsere Ausdrucksweisen auch aussehen mögen. Jenseits aller Worte entwickelt sich eine Vor-Wahrnehmung, die sich wie eine glitschige Seife jeder bewußt dirigierten Introspektion entzieht.“

Monika, Sekretärin

„Während des Wochenendes über den essentiellen Wert hatte ich ein Erlebnis, mit dem ich wirklich nicht gerechnet hatte. Auf den ersten Blick schien diese Übung zum Kommunikationstraining zu gehören, und dann geschah es plötzlich, daß ich in die Tiefen meiner selbst eintauchte ...

Ich hatte den Eindruck, daß mit jeder neuen Antwort ein immer tiefer wirkender Reinigungsprozeß in mir in Gang gesetzt wurde. Die Übung half mir dabei, verkrustete Dreckschichten in Gestalt von Lügen und Ängsten aus mir zu entfernen, die sich in meinem Geist seit langem festgesetzt hatten.

Dann schlug Wolfgang eine Unterbrechung von einer Stunde vor, während derer nicht geredet werden sollte. Für mich war diese ‚Auszeit‘ wie zufällig (obwohl ich nicht an Zufall glaube) genau das richtige in diesem Augenblick: Ich konnte ganz in mich eindringen und wußte, daß ich bis ans Ende gehen wollte.

Alle Gedanken, die mir während dieser stillen Stunde in den Sinn kamen, waren von großer Aufrichtigkeit. Ich bekam den Eindruck, ganz nackt vor mir dazustehen, wie ein Neugeborenes.

Der ‚Reinigungsprozeß‘ schritt weiter fort, bis ich plötzlich spürte, daß ich auf eine andere Bewußtseinsebene rutschte, wo keine zusätzlichen Erklärungen mehr notwendig waren und wo es keinen inneren Dialog mehr gab. Ganz spontan leuchtete mir die Evidenz auf: Ich war einfach da, ohne Vergangenheit und ohne Zukunft. Mein Bewußtsein hatte sich in eine andere Dimension verlagert. Die im Raum anwesenden Gruppenmitglieder strahlten etwas ganz Besonderes aus. Ich betrachtete den Raumschmuck und merkte, daß mir die Worte fehlten, ihn zu beschreiben; alles, was ich wahrnahm, war neu; ich war wie ein Entdecker, der alles, was er in jeder Minute, in jeder Sekunde wahrnimmt, zum ersten Mal sieht. Alles war wunderschön. Ich nahm mir eine Zigarette, aber es war nicht einfach zu rauchen, meine Hand konnte den Mund nicht finden. Dann drückte ich auf den ‚Denkknopf‘, und es klappte, ich fand meinen Mund, und plötzlich erschien Rauch vor meinem

Gesicht, aber woher kam dieser Rauch? Aus dem Zimmer? Aus dem Boden? Er bewegte sich einfach im Raum. Träume ich oder ist das Leben ein Traum? In Wirklichkeit hatte mich dieser Traum mein ganzes Leben lang begleitet.

Meinen essentiellen Wert habe ich in die Worte gefaßt: ‚Ich bin rein.‘ Seine Entdeckung hat in meinem Leben radikale Veränderungen provoziert, und dieser Prozeß ist noch nicht zu Ende. Mir ist bewußtgeworden, daß das Leben in jedem Moment stattfindet. Ich kann anderen viel besser zuhören, und ich habe das Gefühl, daß mein Herz wie eine Mohnblumenknospe ist, die dabei ist, sich zu entfalten. Wobei ich ganz gespannt bin auf die Farbe, die sie haben wird – wie als kleines Mädchen, als ich die Knospen öffnete, um herauszufinden, welche Farbe die Blüte haben würde.

In meinem Reisepaß habe ich jetzt ein Visum, das besagt: ‚Alle inneren Grenzen geöffnet ...‘“

Nicole, Erzieherin

„Erst als ich innerlich akzeptiert habe, daß mich mein Ur-Credo am Leben, an meinem essentiellen Wert vorbeileben ließ, habe ich wie ein Fisch die Schuppen (meine Rüstung) abgestreift, um mich nackt im ‚Leben‘ zu bewegen.

Dies ist das Resultat eines ganzen Jahres der Arbeit an mir selbst. Während dieses Jahres erlebte ich mannigfaltige Veränderungen in mir, und zur gleichen Zeit wurde das Gefühl immer stärker, eingesperrt, wie zusammengeschnürt oder fast am Ersticken zu sein; so als sei ich in meine eigene Falle gegangen, als sei ich eingesperrt in einer Flasche. Ich hörte den anderen kaum noch zu, die Umwelt existierte nicht mehr für mich, ich war gefangen im inneren Dialog mit mir selbst.

Und dann enthüllte sie sich, ich entdeckte sie wieder, diese kleine, liebliche Flamme im Grunde meines Herzens. Sie war noch nicht ausgegangen. Sie war ganz winzig geworden, aber noch hell genug, um mir auf den Weg zu leuchten.

Dieser Weg ließ sie größer werden und noch größer, bis sie explodierte und den Weg freigab, daß ich mich *lieben* konnte. Und da wurde mir klar, daß ich die Flamme durch meine Lügen kleingehalten hatte. Davon Abstand zu nehmen war schwer, genauso wie die Erkenntnis, daß das bisher gelebte Leben nur Ablenkung und Zerstreuung war, ein *Nicht*leben, wie ein Roboter; meine Identität zu verlieren war mir unerträglich.

Und dann hat sich doch etwas getan: Ich habe angefangen, ‚mich zu lieben‘; dieses neue Gefühl nahm Besitz von meinem Körper, von meinem Sein.

Als ich verstand, daß es keinen anderen Ausweg gibt, stellte sich ein Ausnahmezustand in mir ein. Ich mußte – koste es, was es wolle – aus diesem Gefängnis ausbrechen, trotz aller damit verbundenen LEIDEN, und mich auf den vorgezeichneten Weg machen. Alle Zellen meines Körpers zitterten förmlich vor Aufregung.

Dann rief ich den störenden Gedanken zu: ‚Stop!‘ Und erst von nun an konnte ich es akzeptieren, durch den Flaschenhals nach außen zu gelangen. Als ich losließ, war ich nur noch Körpergefühl: ein starkes und gleichzeitig angenehmes Brennen. Ich fühlte mich wie eine Welle, die sich überschlägt und dabei liebevoll und zärtlich eine neue Welle erschafft, und dasselbe wiederholt sich immer und immer wieder.

Und dann ist der Korken herausgeflogen; die Explosion hat alles mit sich gerissen: Einbildungen, Gedanken, Vorannahmen ...

Ein Licht strahlte auf diesen Weg, als er mich empfing und mich in sich aufnahm, ich erkannte MICH, und es herrschte STILLE.

Das VERSTEHEN von etwas Größerem – die FREIHEIT ZU SEIN und nicht zu erdulden – mein Leben zu leben und nicht, es zu träumen!

Seither hat das mein Hirn lähmende ‚Blablabla‘ aufgehört; ich habe gelernt, Gedanken, Gefühle, Parasiten, Illusionen als solche zu erkennen; sie ziehen vorbei ohne eine Spur, ohne eine Erinnerung in mir zu hinterlassen.

Ich handle, ich höre zu, ich bin die STILLE;
ich bin gleichzeitig eins und alles.
Dank dem EINZIGARTIGEN."

Kapitel V

Hinter den Kulissen –
Fragen und Antworten

Zum Ur-Credo

Frage: Wie kann ich mir meines Ur-Credos bewußt werden?

W. B.: Solange wir nicht dauerhaft in der vorsinnlichen Wahrnehmung leben, wirkt das Ur-Credo ständig auf unterschwellige Weise. Es gaukelt mir vor, daß ich als ein eigenständiges Wesen existiere, das an einem bestimmten Tag geboren wurde und eines Tages sterben wird. Jeder Denkvorgang und jedes Handeln ist von dem Hintergedanken begleitet, daß ich eine Identität besitze, die sich von allem Wahrgenommenen unterscheidet: Ich (= Identität) nehme den anderen und die Umgebung wahr. Das Ur-Credo als Angelpunkt der Identität wirkt wie ein Filter, der sich zwischen die sinnliche und die vorsinnliche Wahrnehmung schiebt.

Nehmen wir einmal an, daß die sinnlich-trennende Wahrnehmungsweise, welche zwischen Wahrnehmendem und Wahrgenommenem unterscheidet, nicht die einzig mögliche ist. Wenn ich eine Wahrnehmungsweise in mir entdecken möchte, die diese Trennung nicht macht, muß ich mir darüber klarwerden, wie mein Geist diese Trennung produziert. Dazu muß ich mich so oft wie möglich hinterfragen, vor allem in emotional schwierigen Lagen und in Konfliktsituationen: Wie reagiere ich, wenn mir bewußt wird, daß man mich hintergangen hat? Wie reagiere ich, wenn jemand mich verletzt oder aggressiv reagiert? Wie reagiere ich, wenn den ganzen Tag alles schiefläuft? Wie reagiere ich, wenn ein naher Angehöriger plötzlich schwer krank wird oder stirbt? Wie reagiere ich, wenn ich eines Tages feststelle, daß mich mein Lebenspartner seit drei Jahren betrügt? Welches sind die Ängste und Befürchtungen, die ich verdränge, damit sie mir nicht bewußtwerden? Durch die Beobachtung dieser emotionalen Reaktionen wird mir nach und nach ein unterschwelliges, dauerndes Unwohlsein bewußt, eine Art Grundunwohlsein, das dem Ur-Credo entspringt. Sich des Ur-Credos bewußt zu werden bedeutet, auf dieses Unwohlsein zuzugehen, *wenn es auftaucht,* und es ohne Selbstmitleid ans Tageslicht zu befördern, anstatt es wie üblich vermeiden zu wollen.

Frage: Glücklichsein kann man das wohl nicht nennen?

W. B.: Diese Art von Arbeit an sich selbst hat nur Sinn, wenn sie in eine Suche nach dem Absoluten eingebettet ist. Die Suche nach Glücklichsein findet nicht auf derselben logischen Ebene statt wie die Suche nach Erfüllung. Die Suche nach Glücklichsein ist eine der Zwangsvorstellungen der Identität auf der Flucht vor Unannehmlichkeiten. Sich dem Ur-Credo zu stellen ist nicht eine vorübergehende Konfrontation mit Unannehmlichkeiten, sondern mit dem existentiellen Trennungskonflikt. Solange wir auf der Suche nach Glücklichsein sind, können wir den Reichtum des Augenblicks nicht erleben.

Frage: Welche Beziehung gibt es zwischen dem Ur-Credo und den Ärgernissen, denen wir im Leben begegnen?

W. B.: Das Ur-Credo ist der Ausgangspunkt aller Beur-teilungen (!). In diesem Wort selbst ist schon die Trennung angelegt. Das Grundelement unserer trennenden Identität entwickelt sich, indem es sich von den Urteilen und Meinungen anderer abgrenzt und dabei eigene Ansichten und Überzeugungen stärkt. Das Wort Ärgernis beschreibt innere Zustände oder Ereignisse, die als ärgerlich *beurteilt* werden.

Frage: Hören die Ärgernisse auf, wenn ich meine inneren Zustände und die Ereignisse nicht mehr beur-teile?

W. B.: Sobald ich beginne, nicht mehr zu ur-teilen, kann ich innerlich nicht anders, als für mich und für das, was mir im Leben passiert, einzustehen und die Verantwortung zu übernehmen. Wenn ich urteile, erkläre ich meine Meinungen als gültig, setze meine Urteile in Kraft und halte sie und mich dadurch aufrecht; *nicht* urteilen heißt: einfach feststellen, Teil des Geschehens sein und gleichzeitig Abstand haben.

Frage: Was wird aus den Freuden des Lebens, wenn ich aufhöre, sie (als solche) zu beurteilen?

W. B.: Ich höre auf, sie zu suchen oder sie festhalten zu wollen. Solange das Ur-Credo wirkt, bin ich gezwungen, Annehmlichkeiten als Ausgleich zu suchen. Gleichzeitig werden die von meinen eigenen Urteilen erschaffenen Unannehmlichkeiten verdrängt.

Frage: Wenn ich aufhöre zu urteilen, wie kann ich dann wissen, was gut für mich und meine Familie ist?

W. B.: Urteilen und Abwägen liegen nicht auf derselben logischen Ebene. Im funktionellen Leben wägen wir regelmäßig die verschiedenen Aspekte einer gegebenen Situation ab, damit wir dann Entscheidungen treffen können, die dem Kontext angemessen sind: Wir „beurteilen" im Sinne einer Einschätzung, das heißt der Anwendung unserer Kriterien. So zu handeln entspricht dem, was wir „gesunden Menschenverstand" nennen.

Ein Urteil im Sinne der vorhin gegebenen Definition ist eine festgefahrene Meinung, versteinert, ein Verdikt über mich selbst, über jemand anders, über eine Situation oder einen Teil einer Situation. Sie folgt dem Schema: „So ist es, daher schließe ich daraus ..." – begleitet von der mentalen Einstellung: *„Ich glaube* an die Wirklichkeit meiner Gedanken." Eine Einschätzung ist vorsichtiger: „Falls dem so wäre, würde daraus ... folgen." (Mentale Einstellung: *„Ich habe* Gedanken, deshalb benutze ich sie.") Ein Urteil ist eine Selbstbestätigung, durch die ich mich abschotte, im Gegensatz zu einer Einschätzung, die ihren hypothetischen Charakter behält und die zur Organisation des täglichen Lebens notwendig ist.

Frage: Ich habe den Eindruck, daß ich mein Ur-Credo durch Urteile aufrechterhalte.

W. B.: Sich aller Verästelungen des Ur-Credos bewußt zu werden ist eine langwierige Arbeit an sich selbst, da wir uns der meisten unserer Urteile gar nicht bewußt sind.

Frage: Ich habe den Eindruck, daß ich besonders dann urteile, wenn ich verärgert bin.

W. B.: Welcher Teil von dir ist verärgert? Denke einmal an etwas, das dich kürzlich verärgert hat.

Frage: Mir fallen Situationen ein, in denen mich das Verhalten anderer gestört hat ...

W. B.: Ich möchte darauf mit einer Metapher antworten: Dennis nimmt jeden Morgen die U-Bahn, um zur Arbeit zu fahren. Meistens ist er gezwungen, mit einem Stehplatz vorliebzunehmen, da die Sitzplätze schon belegt sind. Eines Morgens, als Dennis noch halb in seinem nächtlichen Traum versunken ist, stößt ihn jemand von hinten heftigst in den Rücken. Dennis merkt, wie sein Adrenalinspiegel ansteigt. „Der ist wohl bescheuert!" denkt er. Als er sich umdreht, sieht er, daß es ein Blinder ist.

Frage: Wie repräsentieren die Gedanken das Ur-Credo?

W. B.: Jeder sollte seine ihm eigenen Repräsentationen finden. Wenn wir unsere Gedanken verlangsamen, erkennen wir, daß sie eigentlich visuelle, auditive und kinästhetische Repräsentationen sind. Im visuellen Bereich kann das Ur-Credo in der Form von alptraumartigen Bildern erscheinen, im auditiven Bereich erscheint es meist in Form von verbalen Vorwürfen, und im kinästhetischen Bereich nimmt es die Form von unangenehmen Gefühlen an, manchmal vergleichbar mit dem, was wir „schlechtes Gewissen" nennen. Wir sollten aber auf keinen Fall „schlechtes Gewissen" mit Schuldgefühl verwechseln. Letzteres taucht in uns auf, wenn wir uns weigern, die Eigenverantwortung für die Konsequenzen eines bestimmten Ereignisses oder für eine bestimmte Beziehung zu übernehmen. Wir repräsentieren das Ur-Credo vor allem durch die Urteile, die wir über die uns widerfahrenden Ereignisse fällen. Im tiefsten Innern repräsentieren wir es mit einem ganz besonders unangenehmen Gefühl: „Ich bin nichts wert" oder „Ich werde nicht geliebt" oder „Ich bin verlassen." Solche Ausdrücke weisen hin auf eine Dimension jenseits von unangenehmen inneren Zuständen; sie spiegeln die verborgene, in jedem von uns unabhängig vom Grad des sozialen Erfolgs vorhandene psychische Realität wider.

Frage: Wenn ich meinem Ur-Credo in mir begegne, fühle ich mich von allem isoliert. Ist dieses Gefühl eingebildet oder wirklich?

W. B.: Alle religiösen Traditionen schlagen das Sichzurückziehen oder die Meditation als geistige Übung vor. Wenn wir uns von allen äußeren Eindrücken zurückziehen, sind wir ganz mit uns selbst konfrontiert. Das eigentliche Ziel dieser Übungen ist es, dahin zu gelangen, daß der störende automatische Gedankenfluß aufhört. Meditieren bedeutet, daß wir uns *dessen* bewußt werden, was in uns nicht in Ordnung ist, das heißt, unseres Ur-Credos.

Für mich hat Meditieren nur Sinn, wenn ich es als eine vorbereitende Disziplin praktiziere, die mein Nervensystem darauf vorbereitet, sich der augenscheinlichen Realität meines Getrenntseins zu stellen, anstatt ihr aus dem Weg zu gehen. Die Dimension der vorsinnlichen Wahrnehmung können wir nur erleben, wenn wir imstande sind, in dem kaum auszuhaltenden Gefühl von gänzlichem Alleinsein zu bestehen. Solange ich das nicht kann, wird das Gefühl von Alleinsein als wirklich erlebt. Und wenn ich gelernt habe, es auszuhalten, verwandelt sich dieses selbe Gefühl in eine Wahrnehmung, die sich in allem Wahrgenommenen wiedererkennt. Das, was als unangenehm erlebt wurde, hört auf. Das Gefühl von Alleinsein verschwindet hierbei nicht, aber es wird nicht mehr als Isolation oder als Trennung erlebt.

Frage: Beruhen die Repräsentationen, die wir uns über den Tod machen, auf falschen, dem Ur-Credo entspringenden Voraussetzungen?

W. B.: Ja. Die Grundidee, daß existierende Phänomene einen Anfang und ein Ende haben, kommt daher, daß wir sie als unterschieden voneinander wahrnehmen. Sie als unterschieden zu betrachten ist ja nicht falsch, sie sind natürlich auch unterschiedlich, aber dies ist es nicht, was sie eigentlich charakterisiert. Wenn ich meine Aufmerksamkeit auf das richte, was der gemeinsame Nenner alles Existierenden ist, der Natur, der Erfindungen des Menschen, der Unterschiede zwischen den Menschen, sowie des scheinbaren

Anfangs und des scheinbaren Aufhörens der Phänomene, so werde ich gewahr, daß jeder Beginn und jedes Ende – meines eingeschlossen – Epiphänomene meiner eigenen Wahrnehmung sind, meiner eigenen Interpretation der Existenz. Aus der Sicht der vorsinnlichen Wahrnehmung spielen Anfang und Ende von etwas eine untergeordnete Rolle.

Frage: Was hat es mit der Angst auf sich?

W. B.: Außer den instinktiven Ängsten, die wir auch bei Tieren finden, sind die meisten im menschlichen Leben vorkommenden Ängste Ausdruck einer ungelebten, nicht eingestandenen Demut, eines Bewußtseins unserer eigenen Unzulänglichkeit, das wir uns um keinen Preis selbst eingestehen wollen. Wir können zwischen zwei Arten von Ängsten unterscheiden.

1) Zunächst gibt es die Angst der Identität, sich in Frage zu stellen. Diese Angst ist identisch mit der Todesangst. Wir wissen mit unserem Verstand, daß wir in jedem Moment sterben können. Solange wir jedoch diese Tatsache immer wieder vergessen, erschaffen wir alle möglichen, aus der Todesangst ableitbaren Unterängste. Diese nicht zu verdrängen ist letztendlich erst dann möglich, wenn wir nach einer entsprechenden Arbeit an uns selbst unser Nervensystem daran gewöhnt haben werden, der Möglichkeit unseres jederzeitigen Ablebens ins Auge zu schauen. Obwohl das Ur-Credo nichts gegen den physischen Tod ausrichten kann, gelingt es ihm, seinen Gastgeber vom Gegenteil zu überzeugen. Und dies, ohne daß dieser etwas davon mitbekommt. Außerdem werden wir meistens dann mit Ängsten konfrontiert, wenn wir den Verästelungen des Ur-Credos im täglichen Leben begegnen. Diese Ängste sind letztendlich nichts weiter als auf Repräsentationen basierende mentale Schöpfungen. Sie wirken wie Puffer, die den Schock der Konfrontation mit dem Ur-Credo dämpfen. Es kann sehr von Nutzen sein, die Mechanismen dieser Ängste zu studieren (wie es im NLP geschieht) und sich *im Moment ihres Auftauchens* sofort von ihnen zu dissoziieren. Und dies um so mehr, als sie uns gerechtfertigt erscheinen. Wir können lernen, nicht mehr an sie zu glauben.

2) Eine ganz andere Art von Angst ist die, die aus dem Gewissen heraus entsteht: die Ehr-furcht. „Ehr" im Sinne von Verehrung und „Furcht" im Sinne einer Vorahnung, daß die Auflösung der Identität das Ende des bis dahin gelebten psychischen Lebens mit sich bringt. Die Angst als Ehrfurcht weiß, daß ich die Rolle, die ich meiner Identität zuordne, überbewerte. Es ist insofern die einzig wirkliche Angst, als sie nicht auf Repräsentationen beruht; begleitet ist sie von einer natürlichen, nicht aufgesetzten Demut. Sie zeugt von einem tiefen Gefühl der Ehrerbietung gegenüber der mich umgebenden Schöpfung, der ich angehöre.

Frage: Welche Bedeutung haben Alpträume?

W. B.: Die Alpträume der frühen Kindheit sind unmittelbar mit dem Prozeß des Einwebens des Ur-Credos in das Nervensystem verbunden. Ohne Alpträume wäre es für das kindliche Nervensystem nicht möglich, die aus der Umwelt in uns eindringenden Einschränkungen auszuhalten: Alpträume ermöglichen dem Kind, die ihm im täglichen Leben begegnenden Widersprüche zu assimilieren. Ohne Alpträume und deren wichtige kompensatorische Funktion könnten wir keine eigene Identität entwickeln. Wenn dann später die Identität zur Reife gelangt ist, tauchen Alpträume immer dann auf, wenn unser psychisches Gleichgewicht durcheinandergerät, zum Beispiel nach einem Schockerlebnis, für das wir noch kein geeignetes psychisches Programm entwickelt hatten. Die Arbeit an sich selbst mit dem Ziel, sein Ur-Credo in Frage zu stellen, läßt ebenfalls Alpträume entstehen. Diese haben jedoch die Besonderheit, daß sie nicht von unangenehmen Gefühlen begleitet sind.

Frage: Kann man sagen, daß alle Unannehmlichkeiten, die wir im Verlaufe eines Lebens erleiden, dem Ur-Credo entspringen?

W. B.: Fragen nach Unannehmlichkeiten, Unglücken, Krankheiten usw. sind zentrale Fragen, die wir uns stellen, wenn wir das Rätsel des Lebens entschlüsseln wollen. Religionen und Philosophien haben Modelle geschaffen, um diese Phänomene zu erklären. Wir können diese Mysterien weder mit unserem Intellekt noch mit unseren Gefühlen verstehen. Die Arbeit am Ur-Credo verpflichtet uns, zum Leben zu stehen und das Leben *als Ganzheit* in diesem Sinne zu leben.

Frage: Ich habe den Eindruck, daß es keinen Ausweg gibt?

W. B.: Das Ur-Credo ist eine Sackgasse.

Frage: Und der Ausweg?

W. B.: Wir sind dazu verdammt, den Ausweg bis zur totalen Erschöpfung zu suchen. Haben wir erst einmal angefangen, gibt es kein Zurück mehr. Irgendwann und mit ein bißchen Glück fällt dann eine Atombombe auf den Typ, der sich die Sackgasse geschaffen hat.

Frage: Wer zündet die Bombe?

W. B.: Ein Selbstzünder.

Zum essentiellen Wert

Frage: Solange Ur-Credo und trennende Identität unser Leben bestimmen, orientieren wir uns vorwiegend am Eigennutz.* Das Leben (in) der vorsinnlichen Wahrnehmung impliziert sicherlich ganz neue ethische Gesichtspunkte. Schließen diese in jedem Fall aus, daß wir auf der funktionellen Ebene, im Alltagsleben auch (mal) eigennützig handeln, weil wir sonst in der Gesellschaft vielleicht immer „den Kürzeren ziehen"?

W. B.: Unsere existentielle Bestimmung befindet sich außerhalb der von der Gesellschaft vorgegebenen Normen. Diese Bestimmung kommt durch unseren essentiellen Wert zum Ausdruck. Er ist in diesem Sinne der einzig „sichere", unveränderliche Wert, weil er nichts mit den Werten und den Regeln zu tun hat, die für das soziale Leben erforderlich sind.

Gesellschaften geben sich ethische Regeln, die alle auf dem Grundschema „gut – schlecht" beruhen. Wir können empirisch feststellen, daß es überall Menschen gibt, die eines der beiden Extreme repräsentieren; die meisten befinden sich irgendwo zwischen ihnen und tendieren je nach Kontext mal zur einen, mal zur anderen Seite. Jede Kultur hat ihre eigenen Vorstellungen von Gut und Böse.

Wir können aber davon ausgehen, daß jeder Mensch unabhängig von der Kultur, in der er lebt, auch noch einen inneren Kodex in sich trägt, nach dem er mehr oder weniger sein Verhalten sich selbst und seiner Umwelt gegenüber ausrichtet. Dieser Kodex entspricht dem, was wir Gewissen* nennen. Das Gewissen entspringt unmittelbar der vorsinnlichen Wahrnehmung. Im Wort selbst steckt „Wissen", das Wissen darum, daß alle existierenden Phänomene gleichen Ursprungs sind und daß sie miteinander in Beziehung stehen. Aber im Gegensatz zur vorsinnlichen Wahrnehmung gerät das Gewissen nur in ganz seltenen Fällen gänzlich in Vergessenheit. Wir sind gezwungen, die vorsinnliche Wahrnehmung im Verlaufe der Entstehung des Ur-Credos zu vergessen, damit wir eine Identität aufbauen und so die für das Leben in der Gesellschaft notwendigen sozialen Strategien erlernen können. Das Ur-Credo manifestiert sich im funktionellen Leben durch Eigennutzdenken und -handeln: Mein Eigennutz gegen den Eigennutz des anderen oder gegen die Natur. Dieser ständige Konflikt wird durch das Gewissen abgepuffert. Das Gewissen nimmt in den meisten Menschen die Gestalt eines Ordnungsrufs an, der es ihnen verwehrt, die der Identität innewohnende Handlungskraft auf ausschließlich eigennützige Ziele zu richten.

Wenn man wollte, könnte man eine „Eigennutztabelle" aufstellen: Je mehr ich als Erwachsener eigennützige Ziele verfolge, desto mehr bin ich gezwungen, mein Gewissen zu verdrängen. (Der Kapitalismus ist ein ökonomisches System, das dem häufig konfliktgeladenen Aufeinandertreffen verschiedenster Eigennutze am besten entspricht: Jeder versucht, seine Macht und seinen Reichtum zu vergrößern – dies geht nicht anders als zu Lasten anderer. Die Ökonomen nennen dies Konkurrenz. Auf der funktionellen Ebene sind wir gezwungen, das Eigennutzspiel mitzuspielen, solange wir in einer so strukturierten Gesellschaft leben.) Doch je mehr ich mein Gewissen verdränge, desto mehr entferne ich mich gleichzeitig von meiner eigentlichen Natur, die ja auf ganz natürliche Weise alles Existierende respektiert. Anders gesagt: Je mehr ich mich korrumpiere, das heißt, meinem Eigennutz freien Lauf lasse, desto mehr bestätige ich mich in meiner Trennung von der Schöpfung. Ich bin also jedes Mal, wenn ich auf eigennützige Weise agiere, gezwungen, gegen mein Gewissen zu handeln. Dies kann manchmal bis zur Kriminalität führen.

Ich kann mich aber auch dazu durchringen zu versuchen, nach meinem Gewissen zu entscheiden. Allerdings hat es noch nie ein Mensch geschafft, sein Leben gänzlich nach den Vorgaben seines Gewissens zu führen, das heißt ohne innere oder äußere Konflikte. Warum? Weil wir, solange das Ur-Credo in uns wirkt, gezwungen sind, unseren Eigennutz auszuleben, ob wir es wollen oder nicht. Aber wenn wir zu unseren Ursprüngen zurückfinden wollen, können wir unser Gewissen nicht übergehen. Mehr noch, nur durch das Vorhandensein des Gewissens können wir eine Vorahnung davon haben, daß es persönliche Befreiung überhaupt gibt. Das Gewissen in unsere Handlungen mit einzubeziehen kann nur ein freiwilliger, bewußter Akt sein, unabhängig von jeglicher Ideologie und frei von Erfolgsstreben. Nur eine solche Vorgehensweise stellt sicher, daß es nicht wieder der Eigennutz ist, der eine Gutschrift auf seinem Konto sehen will. Gleichzeitig ermöglicht uns eine solche Vorgehensweise, den Eigennutz des anderen als ebenso legitim anzusehen wie unseren eigenen.

Es kann also nicht darum gehen, gegen den Eigennutz anzugehen, weder gegen den eigenen noch gegen den des anderen, sondern darum, daß wir in dem, was wir tun und wie wir es tun, unser Gewissen mit einbeziehen und dadurch die gemeinsame Natur von allem erahnen.

Frage: Bringt mich das tiefere Verstehen dessen, was Eigennutz bedeutet, meinem essentiellen Wert näher?

W. B.: Jeder wird irgendwann in seinem Leben einmal damit konfrontiert, wie er sein Leben bis dahin gelebt hat. Diejenigen, die durch dramatische Ereignisse den Tod vor Augen sahen, berichten über eine Relativierung der ethischen Wertvorstellungen, nach denen sie ihr Leben bis zu diesem Ereignis ausgerichtet hatten. Manche berichten sogar, daß sie den Eindruck haben, erst seit diesem Ereignis richtig zu leben. Andere schließen Frieden mit Nahestehenden, wenn der Tod naht. Warum? Der physische Tod ist auch der Tod der Identität. Wenn die Identität mit dem Tod konfrontiert wird, weiß sie, daß ihre persönlichen Ambitionen aufhören werden. Persönliche Ambitionen sind in der Regel stark von Eigennutz geprägt. Je mehr ich den Vorgaben des Eigennutzes folge, desto mehr bin ich gezwungen, gegen den Eigennutz des anderen anzugehen.

Der essentielle Wert ist davon nicht beeinflußt. Er enthüllt sich nur demjenigen, der es gelernt hat, sich der Versuchung des Eigennutzes zu erwehren; dies ist eine vorbereitende, notwendige, wenn auch noch nicht hinreichende Bedingung. Damit wir den essentiellen Wert inkarnieren können, ist es notwendig, die Dimension „gut – schlecht" gänzlich zu verlassen. Die Dichotomie „gut – schlecht" befindet sich auf der funktionellen Ebene, der essentielle Wert auf der existentiellen Ebene. Wenn wir uns mit dem eigenen Ur-Credo auseinandersetzen, gestatten wir uns, unsere Schwächen und Unzulänglichkeiten aufzudecken. Dadurch entsteht Demut. All die Gedanken, die fest überzeugt waren, die uns widerfahrenen Unannehmlichkeiten seien die Schuld der Umstände oder der anderen, erweisen sich als Schall und Rauch. Die daraus entstehende Einstellung ist Bescheidenheit, natürliche, ungezwungene Einfachheit, die nicht mehr in „gut – schlecht" urteilt, sondern einfach *ist*. Doch kann der essentielle Wert nur dann dauerhaft gelebt werden, wenn das Ur-Credo gänzlich aufgehört hat zu wirken.

Frage: Man findet diese Einstellung manchmal bei Menschen, die ganz zurückgezogen leben, wie zum Beispiel Einsiedler. Aber im Berufsleben sind wir häufig mit Eigennutz konfrontiert. Wie ist es möglich, die Bescheidenheit und Einfachheit in solchen Umständen zu leben?

W. B.: Einsiedler, die Alleinsein zu ihrem Lebensstil gemacht haben, sind selten. Entweder arbeiten sie an ihrem Ur-Credo, oder sie haben sich bewußt dazu entschlossen, die Einsamkeit zu *genießen*. Die Einfachheit, von der ich spreche, lebt friedlich im Innern des Seins. Sie ist völlig unabhängig von äußeren Umständen und steht nicht im Widerspruch zu dem Verhalten, das ich an den Tag lege, wenn ich über einen Nachlaß beim Autokauf verhandle. Die meisten gesellschaftlichen Aktivitäten nehmen einen spielerischen Charakter an. Eine der Voraussetzungen, um den Zugang zu dieser friedvollen Einstellung zu bekommen, ist die ausdrückliche Aufkündigung all der gedanklichen Überzeugungen, die dem Schema folgen: Die Gesellschaft schuldet mir ..., oder: Der andere schuldet mir ...

Frage: Es gibt Menschen, die das, was sie tun, gewissenhaft tun, und es gibt andere, die nicht diese Einstellung haben. Was hat es mit der Gewissenhaftigkeit auf sich?

W. B.: Tun findet auf der funktionellen Ebene statt, Sein liegt auf der existentiellen Ebene. Wir müssen zunächst einmal unterscheiden zwischen „gewissenhaft *sein*" und „gewissenhaft *handeln*". Wer gewissenhaft *ist*, hat Zugang zu einer ganz bestimmten Form von Aufmerksamkeit, die es ihm ermöglicht, gewissenhaft zu *handeln*. Diese Aufmerksamkeit ist auf die Handlung selbst gerichtet, bevor sie sich auf ihr Resultat oder auf das Resultat des Resultats richtet. Sie trägt das Wissen in sich, daß alle Phänomene miteinander in Beziehung stehen. Wenn wir in unserem Tun gewissenhaft sind, ahnen wir gleichzeitig, daß wir mit dem Unnennbaren in uns verbunden sind, daß wir Teil des Ganzen sind. In der ganzen Menschheitsgeschichte wird Gewissenhaftigkeit immer wieder als eine der höchsten Tugenden angesehen. Das rührt aber nicht in erster Linie daher, daß wir Qualität bevorzugen. Gewissenhaft in unseren Handlungen und in unseren Beziehungen zu sein ist eine Grundvoraussetzung für das Streben nach dem Eigentlichen.

Frage: Ist „aufmerksam sein" identisch mit „sich selbst beobachten"?

W. B.: Ich halte nicht viel von Selbstbeobachtung, da es im allgemeinen das Ich ist, das sich beobachtet. Außerdem ist es einfacher, aufmerksam zu sein, wenn wir darauf achten, was uns unser Gewissen rät. Wenn wir uns mit der kindlichen Unschuld und der Reinheit unseres Seinszustands vereinen, kann sich das Gewissen auf natürliche und spontane Weise äußern. Und dies ganz ohne ethischen Kodex. Diese Unbefangenheit ist dem alles verkomplizierenden Intellekt weit voraus. Wir brauchen uns nur in unserem Herzen daran zu erinnern.

Frage: Manchmal erlebe ich einen Konflikt zwischen dem, was mir mein Gewissen vorschlägt, und dem, was meine Umgebung von mir erwartet.

W. B.: Wenn wir in diesen Situationen vergessen, daß *unser* Eigennutzdenken genauso vorhanden und legitim ist wie das des anderen, werden wir heuchlerisch, ohne es zu bemerken und ohne es zu wollen. Das Gewissen entspringt dem Unnennbaren, und wenn wir ganz aufmerksam sind, werden wir feststellen können, daß unser Eigennutz ebenso wie der des anderen im Grunde genommen nur künstlich aufgebauschte, von der trennenden Identität erschaffene Randerscheinungen des großartigen Spiels sind, das LEBEN genannt wird. Es geht also nicht darum, das Gewissen für tugendhafter als den Eigennutz zu erklären, sondern die genialen Schachzüge des letzteren aufzudecken.

Frage: Was passiert, wenn ich den Intuitionen meines Gewissens folge?

W. B.: Wenn keine Erwartungen da sind, sind wir gezwungen, uns mit uns selbst zu konfrontieren.

Zur vorsinnlichen Wahrnehmung

Frage: Worin besteht der Unterschied zwischen der vorsinnlichen und der sinnlichen Wahrnehmung?

W. B.: Die Antwort hängt davon ab, aus welcher Perspektive ich diese Frage betrachte.

In der Wirklichkeit desjenigen, der die vorsinnliche Wahrnehmung lebt, gibt es diesen Unterschied nicht, da die vorsinnliche Wahrnehmung als eine nichtunterscheidende definiert ist: Sie nimmt die allen Phänomenen gemeinsame Essenz wahr. Die sinnliche Wahrnehmung hört nicht auf zu existieren, wenn wir der vorsinnlichen Wahrnehmung gewahr werden. Sie sind immer beide gleichzeitig da. Aber wenn ich zur vorsinnlichen Wahrnehmung zurückgefunden habe, weiß ich – und dies ist kein intellektuelles Wissen –, daß alles, was ich in jedem Augenblick sinnlich wahrnehme, der vorsinnlichen Wahrnehmung entspringt.

Ich kann auf die Frage auch aus der Sicht der sinnlichen Wahrnehmung antworten: Ich sehe, höre, fühle, rieche und schmecke. Wenn ich nun – von dieser logischen Ebene ausgehend – immer abstrakter werde, muß ich irgendwann an die Ursprünge der Wahrnehmung gelangen. So als ob ich ein Gedankenspiel betriebe, kann ich mich fragen: „Wie kommt es, daß ich durch meine Sinne wahrnehme?" Natürlich gebe ich mich mit der bekannten Modellantwort nicht zufrieden, die da lautet: „Es ist der Hörnerv, der stimuliert wird." Damit es zur wirklichen Antwort kommen kann, lasse ich alle von der Wissenschaft gefundenen Erklärungsmodelle beiseite. Ich beziehe mich ganz auf mich selbst und nehme die Verhaltensweisen eines professionellen Forschers ein, der seine eigenen Ursprünge sucht. Ich lasse sowohl beiseite, was ich jemals über dieses Thema gelesen oder gehört habe, als auch alles, was sich mein innerer Dialog dazu einfallen läßt, sowie alles, was meine Erinnerung darüber gespeichert hat. Ich tue so, als ob ich keine Vergangenheit gehabt hätte. Dadurch werde ich in die Gegenwart der unmittelbar-sinnlichen Wahrnehmung versetzt: ich wahrnehmend.

Ich abstrahiere weiter: „Was hat es mit der unmittelbar-sinnlichen Wahrnehmung auf sich?" Nach einiger Zeit wird es klar: „ich wahrnehmend" wird zu „wahrnehmend". Das „ich" ist vorübergehend verschwunden. Was bleibt, ist reine, (zwischen mir und meiner Umgebung) nicht unterscheidende Wahrnehmung.

Das heißt: Auf der am weitesten entfernten Abstraktionsebene verschwindet das wahrnehmende Ich zeitweise. Was bleibt, ist vorsinnliche Wahrnehmung. Und indem ich in der Wahrnehmung der Vorsinnlichkeit bleibe, mache ich mich auf den Rückweg, werde spezifischer, konkreter. „Ich" erscheine wieder, „ich" nehme mit meinen Sinnen wahr. Wenn es mir gelingt, die vorsinnliche Wahrnehmung nicht zu vergessen, habe ich mein Ziel erreicht: Was jetzt wieder auftaucht, ist nicht das Ich, das sich als Zentrum seines Universums ansieht, sondern ein umgewandeltes Ich, das gerne und ohne Anmaßung seine ausführende Rolle spielt. Zusätzlich nimmt es von nun an in aktiver und kreativer Weise an der Entfaltung der persönlichen Bestimmung teil. Hier eine Übersicht, die diesen Prozeß zusammenfaßt:

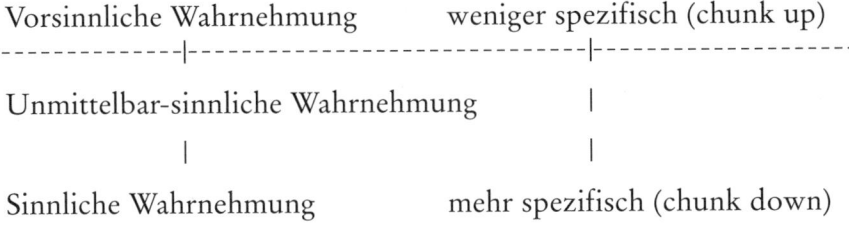

Zusammenfassend kann man sagen, daß der Unterschied zwischen der vorsinnlichen und der sinnlichen Wahrnehmung nur dann existiert, wenn ich von der sinnlichen Wahrnehmung ausgehe. Wenn auch die sinnliche Wahrnehmung aus der vorsinnlichen entsteht, so wirkt sie dennoch wie ein Schleier, der den Zugang zur vorsinnlichen Wahrnehmung verhüllt.

Man könnte auf die Frage auch mit einer Zengeschichte antworten:

Schüler: Was ist der Weg der Wahrheit?

Meister: Hörst du das Rauschen des Baches?

Schüler: Ja.

Meister: Wenn ja: Das ist der Weg.

Frage: Könnte man sagen, daß die vorsinnliche Wahrnehmung einem energetischen Phänomen vergleichbar ist?

W. B.: Die vorsinnliche Wahrnehmung ist kein Phänomen, wir können sie nicht repräsentieren. Sie ist überall. Wenn wir davon ausgehen, daß alles Energie ist, ist sie diese Energie. Aber diese Energie erscheint nie in einem „reinen Zustand", sie manifestiert sich immer durch existierende und wahrnehmbare Phänomene.

Frage: Gibt es eine Beziehung zwischen der vorsinnlichen Wahrnehmung und sogenannten übernatürlichen Erscheinungen wie Wunder oder Hellsichtigkeit?

W. B.: Die Wunder von heute sind die Normalität von morgen. Und morgen wird es andere Wunder geben, die es heute noch nicht gibt. Aus der Sicht der vorsinnlichen Wahrnehmung stellt sich die Frage nach unerklärbaren Phänomenen nicht. Solange sich das Ich für etwas hält, was es nicht ist, braucht es Erläuterungen. Deshalb erschafft es alle möglichen Modelle und Erklärungsmuster und vergißt dabei, daß keine Erklärung jemals wirklich zufriedenstellend ausfallen kann. Wunder verlieren ihre Anziehung, wenn *wir* zum Wunder aller Wunder werden, wenn wir erkennen, daß wir selbst die Schöpfung, das Leben sind.

Frage: Du sprichst in diesem Buch von der „Antizipationsfähigkeit". Worin besteht der Unterschied zur Hellsichtigkeit?

W. B.: Wenn wir von Hellsichtigkeit sprechen, gehen wir davon aus, daß es eine Frau X gibt, die weiß, wie die Zukunft für Herrn Y aussieht. Die Antizipationsfähigkeit ist direkt mit der vorsinnlichen

Wahrnehmung verbunden; sie ist eine Nebenerscheinung, die auftaucht, wenn das Ur-Credo aufhört zu wirken. Wir können sie keinesfalls durch irgendeinen Lernprozeß erwerben; sie ist weder angeboren, noch ist sie ein schlummerndes Talent. Wenn wir uns dem Einfluß des Ur-Credos entzogen haben, nehmen wir mit unseren Sinnen viel mehr wahr als vorher; unsere Einschätzung der Situationen, denen wir im Leben begegnen, ist nicht mehr von Vor-ur-teilen oder Eigennutzdenken verdunkelt. Wir sind in der Lage, weitaus mehr Einzelheiten mitzubekommen und sie in unsere Überlegungen mit einzubeziehen. Je mehr Informationen ich über eine gegebene Situation habe, desto eher kann ich ihre wahrscheinliche Entwicklung vorhersehen. Der dazugehörige innere Zustand ist der des Abwartens, so daß ich nicht auf eine bestimmte Entwicklung fixiert bin oder gar an sie glaube.

Frage: Wie soll ich mit Ängsten und Leiden umgehen?

W. B.: Solange das Ur-Credo wirkt, wird es solche Phänomene geben. Jedes Auftauchen solcher inneren Zustände verweist auf das Ur-Credo, auf die trennende Identität, und wird zu einer Gelegenheit, an sich selbst zu arbeiten. Wer in der vorsinnlichen Wahrnehmung lebt, kann nicht mehr die Ängste haben, die wir normalerweise kennen. Er weiß in jedem Moment, daß Krankheit, Unfall, Bankrott, Tod und Trauer Teil des Lebens sind und daß ihm all dies jederzeit widerfahren kann. Die Identität hingegen hat großes Interesse daran, diese „negativen" Gedanken zu verdrängen; sie empfindet die Beschäftigung mit diesen Dingen als Bedrohung und als gefährlich. Die „Lösung" für diese schlimmsten und demütigenden Ereignisse kann nur auf der Ebene der vorsinnlichen Wahrnehmung liegen, die sich kein Urteil über Ereignisse erlaubt.

Frage: Wie sieht die Beziehung zwischen vorsinnlicher Wahrnehmung und Zeit aus?

W. B.: Es gibt keine Beziehung. Die Zeit ist ein Filter, der es uns ermöglicht, unser funktionelles Leben zu strukturieren. Seit Einstein wissen wir, daß unser Zeitmodell kein universell gültiges ist.

Aber selbst die Entdeckungen Einsteins bezüglich der Relativität der Zeit sind letztendlich nur wieder ein neues Modell, das das Zeitverständnis für einige Eingeweihte erweitert hat. Die vorsinnliche Wahrnehmung liegt außerhalb jeglicher Zeit; letztendlich hat sie noch nicht einmal Bezug zur Unendlichkeit oder zur Ewigkeit. Gleichzeitig ist sie anwesend in allem, was wir wahrnehmen, auch in den von uns geschaffenen Zeitmodellen.

Frage: Wenn ich mich an etwas erinnern will, wenn ich meine Einkäufe vorbereite oder wenn ich etwas Neues lernen will, bin ich doch angewiesen auf die Repräsentation von Vergangenheit und Zukunft?

W. B.: Ja. Die Erinnerungsfähigkeit und die Zeit sind notwendige Referenzen für das funktionelle Ich. Das gute Funktionieren dessen, was ich das „innere Gedächtnis"* nenne, basiert größtenteils auf dem guten Funktionieren der persönlichen Motivation*. Wir wissen aus der Psychotherapie, daß ein gutes Gedächtnis unter anderem mit der Zufriedenheit zusammenhängt, die uns die täglichen Aktivitäten bringen. Mißerfolg, Bankrott, Krankheit usw. können die Motivation verringern und einen negativen Einfluß auf das Gedächtnis ausüben. Im Extremfall der Alzheimer-Krankheit können wir beobachten, wie der Gedächtnisschwund einhergeht mit einer Identitätsauflösung. Anscheinend steht das Erinnerungsvermögen in direktem Zusammenhang mit der Identität. Wer den Zugang zur vorsinnlichen Wahrnehmung sucht, muß damit rechnen, zeitweise sein Erinnerungsvermögen zu verlieren.

Frage: ... das Gedächtnis zu verlieren?!

W. B.: Ja, genau. Der größte Teil des Gedächtnisses wird von der persönlichen Motivation der Identität geschaffen. Wenn diese zusammenbricht, bricht auch das Erinnerungsvermögen zusammen. Es ist schon wunderbar zu beobachten, wie in dieser Übergangszeit das funktionelle Leben weitergeht. Nach und nach gewöhnt man sich aber daran.

Es ergibt sich eine neue Art und Weise, sich an Personen und an Ereignisse zu erinnern; ich nenne sie „äußeres Gedächtnis"*. Sie hängt nicht mehr von der persönlichen Motivation ab, die ja nicht mehr existiert. In der vorsinnlichen Wahrnehmung weiß ich, daß ich mit allem, was mich umgibt, verbunden bin und in Beziehung stehe: Ich nehme den Ablauf der Ereignisse als einen ständig sich wandelnden Prozeß wahr, dem ich angehöre. Ich bin mir bewußt, daß ich unterschwellig ständig die Gesamtheit der verschiedenen Kontexte sowie die Beziehungen, die diese untereinander knüpfen, wahrnehme. Das „äußere Gedächtnis" ist die Fähigkeit zur Erinnerung an die Verbindungen, die die verschiedenen uns im Leben begegnenden Kontexte untereinander herstellen. Und dies bis hin zu unscheinbaren Einzelheiten. Es ist nicht mehr „mein" Gedächtnis, das sich an die Dinge erinnert, sondern es sind die Anforderungen des aktuellen äußeren Geschehens, die mir automatisch den Zugang zu den Informationen verschaffen, die ich brauche, um kontextgerecht zu antworten.

Frage: Gibt es einen direkten Zugang zur vorsinnlichen Wahrnehmung?

W. B.: Ja-nein-ja-nein-ja-nein.

Frage: Der direkte Zugang ist also mittels eines Koans möglich?

W. B.: Ja-nein-ja-nein-ja-nein.

Frage: Wie lebt sich das alltägliche Leben aus der Sicht der vorsinnlichen Wahrnehmung?

W. B.: Das Zusammenwirken der existentiellen Ebene der vorsinnlichen Wahrnehmung und der funktionellen Ebene der sinnlichen Wahrnehmung geschieht in harmonischer Weise. Wir können nicht Anspruch auf die vorsinnliche Wahrnehmung erheben, solange wir glauben, daß sie im Widerspruch zum funktionellen Leben stehe. Da in der vorsinnlichen Wahrnehmung die inneren Zustände eine untergeordnete Rolle spielen, erfährt der Alltag eine enorme Bewußtseinsbereicherung.

157

Frage: Was wird aus den inneren Zuständen?

W. B.: Sie verschwinden nicht, aber die Wichtigkeit, die sie für den Ablauf meines Lebens haben, verringert sich erheblich. Je nachdem, was ich vorhabe, entstehen stimulierende oder demotivierende innere Zustände, aber es ist nur das Ich, das sie so bewertet. Wer in der vorsinnlichen Wahrnehmung lebt, kümmert sich praktisch nicht mehr um seine inneren Zustände. Er nimmt sie wahr, ohne ihnen große Bedeutung beizumessen.

Frage: Die Frage bezieht sich auf innere Zustände wie Freude, Motivation, Neugier usw. Wenn all dies seine Wichtigkeit verliert, wie kann ich dann noch aktiv am Leben teilhaben?

W. B.: Solange sich das Ich für den Nabel der Welt hält, geht es ihm am besten, wenn es sich so oft wie möglich in angenehmen inneren Zuständen aufhält. Wem sich der Zugang zur vorsinnlichen Wahrnehmung öffnet, wer im Sein heimisch wird, der verliert zeitweise jegliche Handlungsmotivation. Nach und nach findet er heraus, wie er auf die Ansprüche der unterschiedlichsten Kontexte einzugehen hat und wie es ist, ohne persönliche Motivation zu leben. Er befindet sich immer mehr in Einklang mit und ist oft verliebt in die mannigfaltigen Situationen, die das Leben ihm präsentiert. Die verschiedenen inneren Zustände wie Wohlsein, Unwohlsein usw. reduzieren sich auf den einen inneren Zustand, aus dem sie entstehen: „sein". „Sein" ist, was alle inneren Zustände gemein haben. Im Sein gibt es keine persönliche Motivation mehr; eine natürliche*, ursprüngliche Motivation tritt an deren Stelle. Diese ist der Ausgangspunkt aller Evolution und trägt in sich das Wissen um die innere Verbundenheit von allem was existiert.

Frage: Gibt es beim Erscheinen der vorsinnlichen Wahrnehmung körperliche Manifestationen?

W. B.: Die eingefahrenen, verkrusteten und für das funktionelle Leben unabdingbaren sozialen Strategien* wie persönliche Motivation, Erinnerungsvermögen, als auch die Glaubenssysteme und

Urteile haben in unserem Nervensystem seit unserem Erscheinen auf diesem Planeten einen Gewöhnungseffekt entstehen lassen, der mit der Abhängigkeit von Drogen vergleichbar ist. Häufig befinden wir uns am Rande der vorsinnlichen Wahrnehmung, ohne uns dessen bewußt zu sein. Wenn wir sie bewußt und dauerhaft leben wollen, werden wir mit neurologischen Reaktionen in uns konfrontiert, die den Entzugserscheinungen bei Drogenabhängigen gleichen.

Seit früher Kindheit haben wir uns daran gewöhnt, mit sozialen Strategien zu leben, um am gesellschaftlichen Leben teilzuhaben. Aber solange wir über das Maß der strikten Notwendigkeit hinaus an ihnen festhalten, verschließen wir uns dem Kontakt mit unserem Ursprung. (Wie weit diese Notwendigkeit reicht, kann nur jeder für sich selbst bestimmen.) Der Prozeß der inneren Befreiung ist ein ständiger Kampf *gegen die Symptome* der Abhängigkeit von sozialen Strategien (und nicht etwa gegen die sozialen Strategien als solche), die ja die konstituierenden Elemente unserer Identität sind. Unangenehme körperliche Begleiterscheinungen sind üblicherweise Teil dieses Prozesses.

Frage: Woran kann man erkennen, ob jemand die vorsinnliche Wahrnehmung lebt?

W. B.: Die vorsinnliche Wahrnehmung kann man nur in sich selbst erkennen.

Frage: Verändert sich der Ablauf des täglichen Lebens mit der vorsinnlichen Wahrnehmung?

W. B.: Der Ablauf des täglichen Lebens ist nie derselbe. Jeder Tag ist ein anderer Tag, jeder Augenblick ist ein neuer Augenblick, noch nie dagewesen.

Frage: Ich lebe in der Vorstellung, daß der Tag anfängt, wenn ich aufstehe, und daß er aufhört, wenn ich schlafen gehe. Abends kann ich zurückschauen auf das, was ich tagsüber getan habe, ganz so, wie ich jederzeit auf mein bis dahin gelebtes Leben zurückblicken kann. Ich habe den Eindruck, daß eine gewisse Linearität besteht. Täusche ich mich?

W. B.: Wir müssen unterscheiden zwischen Tun und Sein. Was ich im Leben *tue*, ist nicht zu verwechseln mit dem, was mein Leben *ist*. Meine Handlungen können Erfolg oder Mißerfolg mit sich bringen, und ich kann dabei eine Zeitlinearität beobachten. Auf dem Niveau des Seins *bin* ich – vor allem anderen –, und dieses „ich bin" ist zeitlos und nichtlinear. Das Modell der Linearität ist sicher ein sehr nützliches Modell, um die Handlungsabläufe im täglichen Leben zu lenken. Aber es ist völlig ungeeignet, wenn wir in uns die Natur unseres Daseins erfahren wollen. Nur ein wahrnehmendes Eintauchen in alles Unbekannte und Unkennbare kann uns die Kulissen des Lebens enthüllen, welches entsteht aus dem Undefinierten und dem Undefinierbaren einer noch nicht geborenen Schöpfung. Die vorsinnliche Wahrnehmung ist ganz auf diese Nichtlinearität eingestellt, und gleichzeitig macht sie die *inneren* Zusammenhänge der existierenden Phänomene bewußt. Die Linearität, die wir zur Konstruktion unserer definierten und definierbaren Modelle benutzen, ist eine aus der vorsinnlichen Wahrnehmung entstehende Besonderheit.

Frage: Kann ich mich in der vorsinnlichen Wahrnehmung noch als Ich erkennen?

W. B.: Im allgemeinen (an)erkennen wir uns durch das, was wir tun, durch unsere Handlungen (hauptsächlich durch die von uns als sinnvoll angesehenen Handlungen), vor allem aber durch emotionale Reaktionen auf Ereignisse und auf andere Menschen. Diese (An)erkennung ist kein Dauerzustand, sie taucht mehr oder weniger oft auf, um dann wieder zu verschwinden. Sie ist den Schwankungen des Lebens ausgeliefert, die genauso unvorhersehbar sind wie das Wetter.

Das Selbsterkennen der vorsinnlichen Wahrnehmung dagegen ist eines, das immer und unter allen Umständen da ist und das von nichts abhängt. Nicht nur, daß ich weiß, *wer* ich bin und *daß* ich bin. Ich weiß, daß ich eins bin mit mir, mit meinem essentiellen Ich, in einer nicht mehr zu übertreffenden Intimität.

Frage: Wenn das Ziel der vorsinnlichen Wahrnehmung weder Glücklichsein noch körperliches Wohlergehen ist, was ist es dann?

W. B.: Nichts.

Eine unermeßliche Wahrnehmungsfülle.

Ein Normalsein, wie es unbedeutender nicht sein kann.

Eine Einfachheit des Herzens.

Die Dankbarkeit zu existieren.

Taufrisch in jedem Augenblick.

Harmlosigkeit.

Nichts.

Schlußwort

Sirenengesang

(Fortsetzung)

Frage: Nach der Lektüre dieses Buches bleibt noch eine letzte Frage offen: *Warum?* Warum diese Identität, diese alles verhüllende Maske, dieses Ego mit all dem damit zusammenhängenden Leiden? Warum dieser Irrweg, weg von unserer eigentlichen Natur?

W. B.: Ja.

Das Ja der Worte, das Ja der Metaphern, der Aphorismen;

Das Ja desjenigen, der sie gebraucht, und desjenigen, der sie hört.

Das Ja der Beherztheit des essentiellen Wertes,

der die Schöpfung erhebt und der denjenigen erhebt,

der ihn wahrnimmt.

Das Ja der nüchternen Trunkenheit, des Einzigartigen;

Das Ja des Leidens, das Ja des Vergessens.

Das Ja des anstrengenden Weges, der am Ende die Seele

des persönlichen essentiellen Wertes zur Welt bringt,

die sich – endlich – in allem wiedererkennt.

Das Ja der Maske der Identität,

Herz verhüllende Verkleidung,

entledigt der Auswüchse des Eigennutzes,

die sich aufschwingt,

nicht nur ihn zu hören

ihn zu zelebrieren:

den Gesang der Sirenen.

Nachwort

von
Stephen Jourdain

Nie wieder ja.

Nie wieder nein.

Nie wieder vielleicht.

Anhang

Odysseus und die Sirenen

„... Das erste Abenteuer, das wir zu bestehen hatten, erwartete uns auf der Insel der Sirenen. Das sind betörend singende Nymphen, die jedermann bezaubern, der auf ihr Lied horcht. Sie sitzen am grünen Ufer und singen ihre lieblichen Zauberlieder. Wer sich zu ihnen hinüberlocken läßt, ist ein Kind des Todes ... Bei der Insel dieser verführerischen Nymphen stand unser Schiff plötzlich still, denn der günstige Wind, der uns bisher vorwärtsgetrieben hatte, hörte mit einem Male zu wehen auf, und das Wasser schimmerte wie ein Spiegel. Meine Begleiter ... setzten sich ans Ruder, um das Schiff so vorwärtszubringen. Ich aber dachte an die Worte der Kirke, die mir das alles vorausgesagt hatte: ‚Wenn du an die Insel der Sirenen kommst und euch ihr Gesang droht, so verklebe die Ohren deiner Freunde mit Wachs, damit sie nichts hören; willst du selbst aber ihr Lied vernehmen, so befiehl, daß man dich, an Händen und Füßen gefesselt, an den Mast binde, und je inständiger du deine Freunde bittest, dich loszubinden, um so fester sollen sie die Seile anziehen!‘

Da zerschnitt ich eine große Wachsscheibe und knetete sie; das weiche Wachs strich ich dann meinen Reisegenossen in die Ohren. Sie aber banden mich auf mein Geheiß aufrecht an den Mast, dann setzten sie sich wieder an die Ruder und trieben das Fahrzeug vorwärts. Als die Sirenen das Schiff heranschwimmen sahen, standen sie in der Gestalt reizender Mägdelein am Ufer und stimmten mit wundersüßer Stimme ihren Gesang an.

Mir aber schwoll das Herz vor Begierde, sie länger zu hören; ich winkte meinen Freunden mit dem Kopf, mich loszubinden. Aber sie mit ihren tauben Ohren legten sich nur um so kräftiger in die Riemen, und zwei von ihnen ... kamen herbei und legten mir, wie ich früher befohlen hatte, noch viel stärkere Stricke an. Erst als wir glücklich vorüber und ganz aus dem Bereich der Sirenenstimmen gekommen waren, nahmen meine Freunde sich das Wachs aus den Ohren und banden mich los. Ich dankte ihnen herzlich für ihre Beharrlichkeit." [Schwab, 1974, S. 452 f.]

Schlüsselbegriffe dieses Buches

Äußeres Gedächtnis:

Der Zusammenbruch der trennenden Identität setzt unser gewöhnliches Erinnerungsvermögen außer Kraft. Das äußere Gedächtnis, das nach diesem Ereignis das innere Gedächtnis größtenteils ersetzt, ist eine von persönlicher Motivation abgekoppelte mentale Funktion, die es uns ermöglicht, uns bewußt als Teil aller Kontexte, in die wir tagtäglich eingebettet sind, zu erleben. Es ist dann der essentielle Wert (und nicht mehr das Wohlergehen der Identität), der bestimmt, welche und wieviele Informationen wo und wie im Nervensystem gespeichert und abgerufen werden. (Siehe auch unter „Inneres Gedächtnis" und „Persönliche Motivation")

Eigennutz:

Das Bestreben der Identität, sich zu verteidigen und „seine Schäfchen (möglichst viele!) ins Trockene zu bringen", um so sein Überleben sicherzustellen (ähnlich dem Verhalten von Tieren); dies geschieht oft mit Hilfe gut versteckter Manipulationen. Eigennutz bei anderen ist uns offensichtlich, bei uns selbst müssen wir danach suchen. Was ich beim anderen nicht mag, ist im allgemeinen dessen Eigennutz. Aber sobald ich ihm – und sei es in Gedanken – deswegen einen Vorwurf mache, bin ich mit meinem eigenen Eigennutz konfrontiert.

Beispiele: Die Haltung des Judas gegenüber Jesus wird im allgemeinen als Eigennutz interpretiert. Auch die „Hungergeister" im tibetischen Buddhismus verkörpern Eigennutz. Bei Menschen, die sich als Christen verstehen, versteckt sich Eigennutz oft hinter der sogenannten Barmherzigkeit.

Eigennutz ist es auch, wenn wir uns an den Eigennutz eines anderen anhängen.

Essentieller Wert:

Dieser Ausdruck weist auf die jedem von uns innewohnende Einzigartigkeit des persönlichen Seins sowie all seiner Ausdrucksformen hin. Ihn zu entdecken heißt, ein verborgenes, geheimes Heiligtum in sich zu berühren. Er ist nicht zu verwechseln mit Begriffen wie Moral, Ethik, Tugend, deren Bedeutung je nach Kultur variiert.

Existentiell:

Dieses Adjektiv bezieht sich auf jene Dimension des Menschseins, die sich jenseits von intellektuellem und gefühlsmäßigem Verstehen befindet. Sie umfaßt all das, was der menschliche Geist *nicht* repräsentieren kann: das Unnennbare, die Nicht-Identität, die alle Phänomene verbindende Struktur; all das, was der Mensch *ist*. (Siehe auch unter „Logische Ebenen")

Funktionell:

Dieses Adjektiv bezieht sich auf alle inneren und äußeren *Aktivitäten* des Menschen: seine inneren Zustände, seine Art und Weise, im Leben zu agieren; seine Strategien, sich zu motivieren, zu lernen und zu verstehen; seine Auswahlkriterien; seine Überzeugungen; all das, was der Mensch *tut*. (Siehe auch unter „Logische Ebenen")

Generalisierung:

Sie ist neben Tilgung und Verzerrung eine der drei elementaren mentalen Vorgehensweisen, die sozusagen aus der vorsinnlichen Wahrnehmung geboren werden und die Ursprung unserer Fähigkeit zur Repräsentation (zum Beispiel Zeit und Sprache) sind. Sie entstehen in ihren Grundzügen bereits in der frühen Kindheit, noch vor dem Erlernen der Sprache. So wie die Begegnung des Spermatozoïden mit dem Ei die ersten beiden Zellen unseres Körpers hervorbringt, so sind Generalisierung, Tilgung und Verzerrung die drei neurologischen Prinzipien, mit deren Hilfe unser Nervensystem die

Fähigkeit des Repräsentierens erlernt. Diese Grundstruktur wird in den darauffolgenden Jahren immer komplexer und führt nach und nach zum Aufbau der Identität.

Gewissen:

Im Wort selbst steckt „Wissen". Es kann sich meines Erachtens nur um das Wissen um die inneren Zusammenhänge zwischen allen existierenden Phänomenen handeln. Das Gewissen steht in direktem Kontakt mit der vorsinnlichen Wahrnehmung, es manifestiert sich in uns durch Ehrlichkeit uns selbst gegenüber, durch Aufrichtigkeit und Gewissenhaftigkeit. Eine seiner Haupteigenschaften ist, daß es uns die absolute Entscheidungsfreiheit läßt: Wir geraten immer wieder in neue Situationen, in denen wir immer *neu* entscheiden müssen (und können), ob wir unserem Gewissen oder dem Eigennutz folgen.

Glaubenssysteme:

Sie sind konstituierende Elemente unseres Ich- oder Identitätsbewußtseins. Identität lebt davon, Überzeugungen, Meinungen und Ansichten über jemanden oder über etwas zu haben, Personen und Ereignisse zu beurteilen oder an etwas oder jemanden zu glauben. Die (meist unbewußten) Überzeugungen bestimmen über Erfolg oder Mißerfolg unserer Unternehmungen. Da Grundüberzeugungen unser Ichbewußtsein und damit den Sinn, den wir unserem Leben geben, aufrechterhalten, sind wir im allgemeinen nicht gewillt, sie in Frage zu stellen.

Gesellschaftlich anerkannte, durch wissenschaftliche Erkenntnisse anscheinend „gesicherte" Postulate sind auch Glaubenssysteme. Sie kranken jedoch meist an dem Irrtum, daß die beobachteten Phänomene für die Wirklichkeit gehalten werden – ohne in Betracht zu ziehen, daß eine Veränderung im Prozeß des Beobachtens die zunächst gezogenen Schlußfolgerungen zunichte machen kann. (Wir glauben seit ein paar hundert Jahren, daß die Erde sich um die Sonne dreht. Aber wer garantiert uns, daß nicht eines Tages eine andere Betrachtungsweise des Universums eine wiederum modifizierte Sichtweise und damit auch wieder ein neues Glaubenssystem hervorbringt?)

Identität:

Siehe unter „Trennende Identität".

Inneres Gedächtnis:

Der Ausdruck bezeichnet das, was allgemein Gedächtnis genannt wird, also die Art und Weise, wie sich die Identität des Nervensystems bedient, um Informationen zu speichern und wieder abzurufen. Es sind die spezifischen Bedürfnisse, Ansprüche und Kriterien der *Identität*, die die Qualität, die Quantität sowie die Modalitäten der zu speichernden oder abzurufenden Informationen bestimmen. (Siehe auch unter „Äußeres Gedächtnis")

Logische Ebenen:

Hier geht es darum, ein Phänomen (zum Beispiel: die Landkarte) zu unterscheiden von der Kategorie oder der Klasse, der dieses Phänomen zugeordnet ist (zum Beispiel: das Gebiet). Anders gesagt: Die Karte ist allgemeiner, abstrakter als das Gebiet, sie ist ein Modell des Gebietes und gehört demnach einer anderen logischen Ebene an. Ein weiteres für dieses Buch bedeutsames Beispiel ist die Unterscheidung zwischen der logischen Ebene des „Existentiellen" und derjenigen des „Funktionellen". (Siehe auch unter diesen beiden Stichwörtern)

Wenn wir an einer persönlichen Weiterentwicklung interessiert sind, sollten wir lernen, diese Unterscheidung zu treffen; vor allem, um einen weitverbreiteten Irrtum zu vermeiden: die Verwechslung zwischen der Beschreibung eines Phänomens einerseits und dessen persönlicher Interpretation andererseits. Wenn wir denken und uns anderen mitteilen, *ohne* die logischen Ebenen zu verwechseln, wird uns bewußt, auf welche Weise unser Geist die Verbindungen zwischen uns und dem anderen oder unserer Umwelt repräsentiert.

Meta-Modell der Sprache:

Ein von den NLP-Begründern John Grinder und Richard Bandler entwickeltes Modell, das die der Sprache zugrunde liegenden Strukturen erforscht. (Siehe auch „Generalisierung") Eine gründliche Auseinandersetzung mit dem Meta-Modell kann zu jenem Verstehen führen, das in folgendem Satz von Alfred Korzybski, einem der Vorläufer des NLP, ausgedrückt wird: „Die Begriffe sind nicht das, worüber wir sprechen."

Natürliche Motivation:

Natürliche Motivation entsteht aus der vorsinnlichen Wahrnehmung. Sie ist lebbar, aber nicht repräsentierbar, und manifestiert sich immer im Hier und Jetzt einer ganz besonderen Art von mehrdimensionaler Aufmerksamkeit, wie sie im normalen Leben nur in intellektuellen, körperlichen oder gefühlsmäßigen Extremsituationen vorkommt. Nachdem das Ur-Credo aufgehört hat zu wirken, ersetzt natürliche Motivation die persönliche, von Eigennutz geprägte Motivation der Identität. Die aus ihr erwachsenen Handlungen haben ihren Ausgangspunkt im essentiellen Wert und sind in der Regel – da sich jetzt die volle Schöpferkraft ausdrücken kann – von innovativen Kreativitätsschüben begleitet. Manche dieser inspirierten Werke beeinflussen die kulturelle Entwicklung über den Tod der Erschaffer hinaus. Bekannte Beispiele hierfür aus dem westlichen Kulturkreis sind die Erbauer der gotischen Kathedralen oder L. da Vinci, W. A. Mozart und R. M. Rilke.

Ökologiecheck:

Er besteht darin, sich vorab eventueller unerwünschter Nebenwirkungen bewußt zu werden, die durch Verhaltens- und Einstellungsänderungen bei sich selbst oder im eigenen Umfeld auftreten könnten. Die angestrebten Veränderungen werden dann gegebenenfalls modifiziert, bis keine negativen Konsequenzen mehr zu erwarten sind. Diese Vorgehensweise ist ein wichtiger Bestandteil jeder NLP-Ausbildung.

Persönliche Motivation:

Persönliche Motivation entsteht, wenn ein wichtiges Kriterium, das ganz oben in der Hierarchie der Kriterien steht, die Identität dazu anstachelt, ein Ziel ernsthaft zu verfolgen.

Soziale Strategien:

Während der Kindheit sich entwickelnde Strategien, die es uns möglich machen, Beziehungen zur Umwelt aufzubauen. Hierzu gehören Sprache, Umgangsformen, Verhaltensweisen und -regeln, die Art und Weise, wie wir persönliche Ziele erreichen und die persönlichen Ziele anderer in Betracht ziehen usw.

Tilgung:

Siehe unter „Generalisierung".

Trennende Identität:

In der frühen Kindheit erschaffenes mentales Konstrukt, das bewirkt, daß sich der Mensch als vom anderen und von der Umwelt getrennt erlebt. Sie öffnet dem Kind den Zugang zur Fähigkeit der Repräsentation und zu all dem, was für ein Leben in der Gemeinschaft notwendig ist. Für den Erwachsenen hingegen wird sie das Haupthindernis, wenn er sich seiner Ursprünge erinnern will und seine Erfüllung anstrebt.

Verzerrung:

Siehe unter „Generalisierung".

Ur-Credo:

Das Ur-Credo ist der Grundbaustein unseres (immer auf wackligen Fundamenten gebauten) Ichbewußtseins. Es entwickelt sich in der frühen Kindheit. Aus ihm erwächst das, was wir im allgemeinen als „Psyche" bezeichnen. Sein Vorhandensein ist Voraussetzung für die

Fähigkeit zur Repräsentation (zum Beispiel Worte und Zahlen, Zeit und Raum, Kriterien und Überzeugungen, Gedächtnis) sowie für all das, was „soziale Strategien" genannt wird. Im Erwachsenenalter, wenn das Ichbewußtsein seinen Reifezustand erlangt hat, wird das Ur-Credo zum Haupthindernis für eine mögliche weitere, über die trennende Identität hinausgehende Entwicklung.

Vorsinnliche Wahrnehmung:

Es handelt sich um die Wahrnehmung unseres Ursprungs und all dessen, was in jedem Augenblick aus ihm erwächst. „Vorsinnliche Wahrnehmung" ist ein Ausdruck für das Unausdrückbare: die Dimension der ungefilterten Wahrnehmung, die alle Phänomene, wahrgenommene und nicht wahrgenommene, existierende und nicht existierende, vereint. Wir sind mit ihr geboren und mußten sie vergessen, um unser Ichbewußtsein, unsere Identität entwickeln zu können. Durch gezielte Vorgehensweisen können wir den Boden dafür bereiten, diese in Vergessenheit geratene, alles miteinander versöhnende Wahrnehmung in uns wiederzuentdecken.

Literaturverzeichnis

Bandler, Richard, und Grinder, John: *The Structure of Magic,*
Vol. *I,* Palo Alto: Science and Behavior Books, 1975; dt.:
Metasprache und Psychotherapie. Die Struktur der Magie I,
Paderborn: Junfermann, 7. Aufl. 1992

Bandler, Richard, und Grinder, John: *The Structure of Magic,*
Vol. *II,* Palo Alto: Science and Behavior Books, 1976; dt.:
Kommunikation und Veränderung. Die Struktur der
Magie II, Paderborn: Junfermann, 6. Aufl. 1991

Bateson, Gregory: *A Sacred Unity,* New York: C.& M. Bessie
Books, 1991

Bateson, Gregory: *Mind and Nature: A Necessary Unity,* New
York: Bantam, 1977; dt.: *Geist und Natur – eine notwendige*
Einheit, Frankfurt: Suhrkamp, 1987

Bateson, Gregory: *Steps to an Ecology of Mind,* New York: Ballan-
tine, 1978; dt.: *Ökologie des Geistes,* Frankfurt: Suhrkamp,
1985

Bateson, Gregory, und Bateson, Catherine: *Angels Fear. Towards*
an Epistemology of the Sacred, New York: Macmillan, 1987;
dt.: *Wo Engel zögern. Unterwegs zu einer Epistemologie des*
Heiligen, Frankfurt: Suhrkamp, 1993

Bernard, Wolfgang: *Le Chant des Sirènes. – La P.N.L. et la Percep-*
tion Pré-sensorielle, Paris: Editions A.L.T.E.S.S., 1995 (Originalausgabe des vorliegenden Buches)

Dilts, Robert: *Beliefs – Pathways to Health and Well-Being,* Port-
land: Metamorphous Press, 1990; dt.: *Identität, Glaubens-*
systeme und Gesundheit. NLP-Veränderungsarbeit, Paderborn: Junfermann, 1991

Dilts, Robert: *Changing Belief Systems with NLP,* Cupertino:
Meta Publications, 1990; dt.: *Die Veränderung von Glau-*
benssystemen, Paderborn: Junfermann, 1993

Emre, Yunus: *Le Livre de l'Amour Sublime,* Paris: Editions Seghers, 1987

Esser, Monique: *La P.N.L. en Perspective,* Brüssel: Editions Labor, 1993

Harding, Douglas*: On Having no Head: Zen and the Rediscovery of the Obvious,* London 1986; dt.: *Zen und die Wiederentdeckung des Offensichtlichen,* Basel: Sphinx Verlag, 1986

Jourdain, Stephen, und Farcet, Gilles: *L'Irrévérance de l'Eveil,* Robion: Editions du Relié, 1992

Jourdain, Stephen: *Auto-Portrait d'une Evidence,* unveröffentliches Manuskript

Klein, Jean: *Transmettre la Lumière,* Robion: Editions du Relié, 1993

Korzybski, Alfred: *Science and Sanity,* Lakeville: The International Non-Aristotelian Library Publishing Company, 1933

Korzybski, Alfred: *Time-Binding. The General Theorie,* Lakeville: Institute of General Semantics, 1924

Korzybski, Alfred: *General Semantics Seminar 1937,* New Jersey: Institute of General Semantics, 1937

Korzybski, Alfred: *Le Rôle du Langage dans les Processus Perceptuels,* New York: The International Non-Aristotelian Library Publishing Company, 1966

Ouspenski, P. D.: *Fragments d'un Enseignement Inconnu,* Paris: Editions Stock, 1974; dt.: *Auf der Suche nach dem Wunderbaren. Perspektiven der Welterfahrung und Selbsterkenntnis,* München: Barth, 6. Aufl. 1988

Ouspenski, P. D.: *Conscience. The Search for Truth,* London: Routledge and Kegan Paul, 1979

Ouspenski, P. D.: *The Fourth Way,* New York: Vintage Books, 1957; dt.: *Der vierte Weg,* Basel: Sphinx, 2. Aufl. 1991

Pélerin, Marie Noëlle: *L'eveil des enfants-dieu,* Toulouse: Editions Terre Blanche, 1995

Poonja, H. W. L.: *Le Réveil du Lion,* Robion: Editions du relié, 1994

Saucet, Michel: *La Sémantique Générale aujourd'hui,* Paris: Editions Le Courrier du livre, 1987

Schwab, Gustav: *Sagen des klassischen Altertums* (neu bearbeitet von Dr. Ilona Paar), Wien: Ueberreuter, 1974

Segal, Lynn: *Le Rêve de la Réalité,* Paris: Editions du Seuil, 1990

Tiry, Gérard: *Connaître le Réel,* Lyon: Editions Chronique Sociale, 1994

Über den Autor

Wolfgang Bernard erblickte 1951 das Licht der Welt. Während seines Studiums der Psychologie und Pädagogik in Frankfurt am Main nahm er aktiv an der Studentenrevolte teil. Danach arbeitete er zunächst als Yogalehrer und unternahm dann verschiedene Studienreisen in den Orient. Anschließend gründete er in Deutschland ein Therapie- und Meditationszentrum, wo er auch selbst als Gruppentrainer arbeitete. Dann wanderte er nach Südfrankreich aus, absolvierte die NLP-Ausbildungen bei IFPNL in Paris und arbeitete acht Jahre lang als Psychotherapeut. Seit 1989 ist er NLP-Trainer und leitet Ausbildungen und Zusatzseminare mit Schwerpunkt auf dem Erforschen und In-Frage-Stellen der Identität. Die Originalausgabe dieses Buches über den von ihm entwickelten Ur-Credo-Prozeß im NLP erschien Anfang 1995 in Frankreich unter dem Titel *Le Chant des Sirènes* (Der Sirenengesang).

Seminarveranstalter

Folgende Veranstalter organisieren Seminare mit Wolfgang Bernard zum Ur-Credo-Prozeß:

Großraum Ruhrgebiet:

Deutsche Akademie für Angewandtes NLP
Postfach 47 07 19, D-12316 Berlin-Britz
Tel./Fax: 030-6015774 (Mo-Do 17-19 h, Fr 15-17 h)

Forum für Metakommunikation
Postfach 210504, D-10505 Berlin
Tel. 030-3925698, Fax: 030-3915800

Norddeutschland:

Bildungsstätte Hoedekenhus e.V.
Lamspringer Straße 24, D-31088 Winzenburg
Tel. 05184-8232, Fax: 05184-1688

Österreich/Südostdeutschland:

Institut für Strukturelle Wahrnehmung
Theodor-Körner-Straße 40, A-8010 Graz
Tel. 0316-671212 (Mo-Do 15-18 h), Fax: 0361-671242

Schweiz/Südwestdeutschland:

NLP Aus- und Weiterbildung, Kurszentrum Aarau
Laurenzenvorstadt 85/87, CH-5000 Aarau
Tel. & Fax: 062-8231010

Dr. Dawna Markova:

Die Entdeckung des Möglichen. Wie unterschiedlich wir denken, lernen und kommunizieren

Die Autorin geht über die gängige Unterscheidung der drei typischen Wahrnehmungskanäle (visuell, auditiv, kinästhetisch) hinaus und zeigt: Jeder Mensch benutzt alle drei Kanäle – je einen auf der bewußten, unterbewußten und unbewußten Ebene des Geistes; je nachdem auf welcher Ebene welche Wahrnehmungsart benutzt wird, ergibt sich eines von sechs möglichen Mustern. Das Buch hilft Ihnen, Ihr individuelles Wahrnehmungsmuster zu erkennen und bisher verborgene Fähigkeiten zu nutzen; es eröffnet außerdem ganz neue Möglichkeiten für einfühlende Verständigung mit Menschen, deren Denken Ihnen fremd ist.

237 Seiten (18 × 24,5 cm), 29 Abbildungen, Paperback, 39,80 DM/39,80 sFr./311,– öS, ISBN 3-924077-45-2

Martina Schmidt-Tanger/Dr. Jörn Kreische:

NLP-Modelle. Fluff & Facts – Das Basiskurs-Begleitbuch

Dies ist das erste deutschsprachige NLP-Buch in NLP-gerechter, „sinnreicher" Gestaltung. In systematischer Folge ist jedem NLP-Basismodell ein eigenes Kapitel gewidmet. Klare Durchführungshinweise, Übungsanweisungen für Kleingruppen und Selbstexperimente erleichtern das Nachvollziehen des Erklärten. Witzige, intelligente Zeichnungen vermitteln die NLP-Ideen auf nonverbale Weise. Zugabe: Ein Kartenset zum Ausschneiden für das Üben der NLP-Sprachmuster.

Die Autoren präsentieren alle wichtigen NLP-Konzepte (Facts) in angenehm „sinnlicher" Verpackung (Fluff). Ein unentbehrlicher Leitfaden für alle, die nicht nur über NLP lesen, sondern sich seine grundlegenden Modelle praktisch aneignen wollen. NLP zum Anfassen!

124 Seiten (A4), zahlreiche Illustrationen, Paperback, 34,– DM/34,– sFr./265,– öS, ISBN 3-924077-67-3

Das IAK INSTITUT FÜR ANGEWANDTE KINESIOLOGIE GMBH, Freiburg, veranstaltet laufend Kurse in *Touch For Health (Gesund durch Berühren)*, in *Edu-Kinestetik*, in *Entwicklungskinesiologie* und in allen anderen Bereichen der Angewandten Kinesiologie. Dank enger persönlicher Kontakte zu den Pionieren der AK ist das Institut in der Lage, ständig die neuesten Entwicklungen auf diesem Gebiet zu präsentieren.

Außerdem fördert das Institut die Verbreitung der Angewandten Kinesiologie im deutschsprachigen Raum durch Literaturempfehlungen und Adressenvermittlung. Wer an der Arbeit des Instituts interessiert ist, kann kostenlose Unterlagen anfordern bei:

IAK INSTITUT FÜR ANGEWANDTE KINESIOLOGIE GMBH, Freiburg
Zasiusstraße 67, D-79102 Freiburg, Telefon 07 61-7 33 08, Telefax 07 61-70 63 84
Kooperationspartnerin in Österreich:
Akademie für Angewandte Kinesiologie, Gabriele Lehner
A-8362 Kräuterdorf Söchau, Tel. 0 33 87-32 10, Fax 0 33 87-32 12

Jerry Stocking:

Wahrnehmen, was ist.
Selbstentwicklung mit NLP

„In diesem Buch geht es um das Leben. Ihr Leben ist Ihre einzige Ressource. Worin investieren Sie Ihr Leben? In Freude und Ekstase – oder wollen Sie lieber etwas erreichen, gut aussehen? Sind Sie mehr daran interessiert, recht zu haben – oder wollen Sie einfach nur Sie selbst sein? Alles zusammen können Sie nicht haben. (J. Stocking)

Mit zahlreichen Geschichten, Metaphern und Übungen auf der Basis des NLP lädt der Autor Sie dazu ein, die volle Verfügung über Ihre geistigen Kräfte sowie ein Leben in Harmonie zu gewinnen: Harmonie von Wahrnehmung und Wirklichkeit, Übereinstimmung *Ihres* Wahrnehmungsfilters mit dem Ihrer Gesprächspartner, Übereinstimmung Ihres Verhaltens mit Ihren Begründungen dafür, Harmonie zwischen Ihrem Bewußtsein und Ihrem Selbst.

216 Seiten (15 × 22 cm), 36 Abbildungen, Paperback, 34,– DM/34,– sFr./265,– öS, ISBN 3-924077-54-1

Dr. John Diamond:

Leben als Cantillation.
Analyse der Lebensenergie
als Befreiung zur Liebe

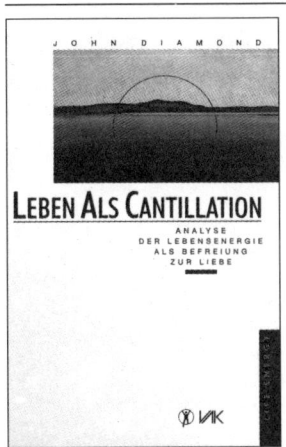

In diesem Buch beschreibt John Diamond die spirituelle Zielperspektive seiner Arbeit:
„Meine gegenwärtige Arbeit besteht darin, mich für die *Cantillation* einzusetzen. *Cantillation* ist der Zustand des Gesegnetseins, des Einsseins, der Freude. Es gibt für jeden Menschen eine kreative Betätigung, die leichter als alle anderen diesen Zustand hervorruft. Wir nennen sie Cantillieren. Sie ist sein Dankes- und Liebeslied, sein Psalm, sein Weg ... Unser Streben ist, dieses Cantillieren zu vervollkommnen und in unseren gesamten Alltag zu übertragen, so daß unser Leben selbst zum Liebeslied wird.“

106 Seiten, Paperback, 22,80 DM/22,80 sFr./178,– öS
ISBN 3-924077-19-3

Marilyn Ferguson (Hrsg.):

Neue Türen öffnen.
Bausteine für erweiterte Fähigkeiten

Anfang der achtziger Jahre kündigte Marilyn Ferguson mit ihrem Bestseller *Die sanfte Verschwörung* das „New Age" an. Ihre Zeitschrift *Brain/Mind Bulletin* wurde zum Forum für bahnbrechende wissenschaftliche Entdeckungen, für neuartige, aufregende Denkansätze und Ideen in Natur- und Sozialwissenschaften, Psychologie, Erziehungs- und Gesundheitswesen. Im vorliegenden Buch hat sie die wichtigsten Forschungsberichte zusammengestellt. Mit Fragebögen, Übungen und Hinweisen auf weiterführende Literatur wird jedes Thema so aufbereitet, daß Sie praktischen Nutzen für Ihren Alltag daraus ziehen können. Dieses Buch liefert Bausteine für neues Denken und erschließt Neuland: eine reichere menschliche Wirklichkeit.

270 Seiten (21 × 29,2 cm), 154 Illustrationen,
Paperback, 49,80 DM/49,80 sFr./389,– öS
ISBN 3-924077-38-X